大展好書 好書大展

大展好書
好書大展

秘傳占卜系列 2

人相術

淺野八郎／著
李玉瓊　／譯

大展出版社有限公司

『秘傳・占卜系列』發行感言

有人說占卜師是人生的領航員。

在人的一生之中，有時再怎麼樣地努力，也有無法隨心所欲的時候，再如何地希望得到幸福，也可能會遭遇意外的不幸。在現代的社會中，占卜之所以如此地吸引人心，受到衆人的關心，原因即在於此。

可能因為遇到一位出乎意料之外的人，而使自己的一生完全改變，可能偶然中得到幸運，也可能遭遇不幸。能夠回答這種想要預知偶然的人之願望的，即是占卜。

不論是東洋或西洋，兩千年來，占卜一直受到衆人的關心。而預知各種運的「術」，也不斷地在研究中。這兒所介紹的各種占卜，是這些「術」中最值得信賴，也是最讓人感到親切的占卜。

如果本系列能夠發揮領航員的作用，而讀者們能將其當成是創造幸福的指南，則是作者最高的喜悅。

淺野八郎

序文

有一種方法即使不問姓名或生年月日也能一眼看穿親友、朋友同事的性格、命運—這乃是兩千多年前由古印度傳承下來的人相術。

如果每個人都是同一張臉孔，這個世界會變成什麼樣的景況呢？身份證已不值得信賴，而犯罪搜查也變得困難重重。我們之所以有別於他人而能辨認，可以說完全是因為個人的「臉孔」不同所致。

碰到初次見面的人時，我們往往會從對方臉上所獲得的第一印象來揣測其人品。

譬如，額頭寬廣的人會令人覺得是智慧型、富知性及品味，而鼻子大而堅實的人則給人精力充沛之感。

不論東西方自古以來對於人相與性格之間的關聯即有各種的研究。而其成果是在目前已陸續證明，人相和性格之間的確有非常密切的關係。

同時，根據可能性極高的論證，已可以推測某種人相者，其未來可能面臨的命運。

「人相術」絕非毫無根據、荒誕無稽的謬論。相反地，甚至有人稱其為「形態心理學」。

熟習人相術，可以一眼拆穿異性朋友或友人、同事等身邊周遭者的性格與特徵。而藉此也能研擬如何攻陷心慕已久的人的追求法，並建立更好的人際關係。

當然，也可以讓自己博得長輩或上司的喜愛。所以，讓你的生活更為充實，彷彿護身符一般的，就是人相術。

chapten 3

眉占卜

chapter 4

鼻占卜

chapter 5

口占卜

chapten 6

耳占卜

Chapter 7

額頭占卜

chapter 8

下顎占卜

chapter 9

臉頰占卜

chapten 10

皺紋占卜

chapten 11

痣占卜

chapter 12

疾病占卜

引言

人相術已被認同是一種科學

二千多年前開始的人相術研究

不論東、西方自古以來即有人相的研究。日本的『源氏物語』中也有記載主角光源氏讓占卜師觀看人相的經過。據說所謂的人相術是起源於兩千多年前的古印度。而其中一部份傳承到歐洲。

古希臘時代有許多學者從事人相的研究。其中最著名的是亞里斯多德。當時希臘的哲學家們將動物的臉譜和人的臉孔比較，而有「類似山羊臉孔的人，像山羊一樣乖順」或「類似獅子的臉孔，具有剛強的性格」之類的判斷。

近世的人相術和十五世紀到十六世紀在義大利所發生的文藝復興有密切的關係。這個時期隨著學問的復興古代傳承下的人相術、手相術、占星術等文物陸續地出版。

當時，義大利人波爾脫是這門學問的翹楚。他在『人相術』的著作中批評中世紀的占星術，且將亞里斯多德以後的人與動物的臉孔比較研究做整理而體系化。

「占星術師認為人誕生時的天相規定了該人的習慣、癖性或疾病的傾向。但是，事實卻不然。這些傾向並非來自宇宙上的星辰，我認為乃是根據個人的氣質而定。」

換言之，決定氣質是「外型」，外型相似的動物、植物、人類具有類似的氣質。所以，才有像豬的人生性貪婪、食慾旺盛、智能較低。像羊的人膽怯、心地不好等判斷的產生。

發展的背後有各種的需要

以學問的層次試圖研究人相學的是名叫拉帕提爾的學者。他仔細地調查人的性格和臉孔的關係，認為心理狀態也會呈現在臉孔上。同時把人的臉孔和星宿結合，依星宿的性質將臉孔型態分類為月型、木星型、土星型、金星型及火星型等。據說對於這個分析名詩人哥德等也極具關心。

對科學性的人相術的，發達極有貢獻的是德國的醫師卡爾。卡爾針對頭型的大小和智能的關係做一番研究，而在學問上確立了「骨相學」。

他提倡頭較大智能較高、額頭較寬智能也寬博的學說。卡爾的骨相學早已傳承到日本，對人相術造成極大的影響。

同時，以進化論而聞名的英國生物學家達爾文著有一本『人及動物的表情』的著作。針對以往人相的型態學研究開拓了表情研究的新境界。

表情研究是根據臉孔表情的變化以判斷個人心理或性格的方法，大幅地提高了人相術的科學性。

而人相術在西洋之所以大爲流行，乃是人相的犯罪學上的研究。義大利的醫學家隆布羅左以一萬七千名犯人爲對象進行調查的結果，發現犯人有其特有的臉孔特徵，尤其是野蠻人的特徵、頭型的異常、耳朵的變形、臉孔左右不對稱等多項結論。

這個研究由後起的英國醫學家果凌格及美國的人類學家費頓做更進一步的研究。

另一個重要的研究是人的性格和體格之間關聯的研究。德國的精神病學家克雷基馬論述精神病人的體格和氣質的關係而受到矚目，對人相術、手相術也造成影響。

同時，根據美國的心理學家薛爾頓的研究，據說人的體格可分成肌肉厚實的內胚葉型、肌肉結實的中胚葉型，以及瘦削的外胚葉型三種，各種類型有其不同的性格。

㊂人相術何以成爲現今世人矚目的焦點

據說古中國、印度所盛行的人相術和佛教在同一個時期傳播到日本。江戶時代水野南北根據『神相全編』著作『南北相法』樹立了日本人相術的地位。

據說水野南北曾經從事澡堂的工作或髮結以研究相。『南北相法』是日本人相術的主流傳承到今天，不過，明治末期到大正初年受到西洋人相術，尤其是卡爾的骨相學的影響，多少產生變化。

日本的人相術受西洋的影響，漸漸以臉孔外型做爲判斷基準是在昭和之後。而西洋是在二十世紀之後採納東方人相術的臉孔三分類法，融合東、西方人相術的常識在日本尚未成功。因爲，日本的科學家對人相術並不太關心。

日本的人相術達到科學的境界是在第二次大戰後，而以西洋的人相術、人類學等爲基準的山崎清博士的研究可以說是劃時代的創見。在運勢判斷上東京醫科大學高間直道教授的功蹟也不可忽視。

人相的人類學上的研究在戰後盛行，其中以大阪大學醫學部的小濱基次教授的研究最爲有名。雖然心理學上、醫學上的研究並不多，然而在表情研究方面，早稻田大學心理學教室的本明寬教授、金澤大學醫學部都表現相當的積極態度。

另外，東京女子醫科大學心臟外科的高尾副教授夫妻也針對心臟畸型和臉、手的關係做了研究。據說高尾先生是在美國的休斯頓大學留學時得到這個研究的靈感。

如上所述，戰後在日本各個分野上已開始展開科學性的人相研究。

在彼此無法深入地交談，甚至連理解對方也沒有充裕時間的現代，不得不利用最初碰面的簡短三、五分鐘的時間去瞭解對方。因此，根據第一印象看穿對方是否值得信賴是極爲重要的。

從這一點看來，在各人種聚集的世界裡並不可能依同一個標準對臉孔外型、肢體形狀做性格判斷，而以往對人相術不表關心的美國，最近對「人相術」也漸漸產生興趣，今後人相術將有更大的發展。

雖然並沒有「人相術」的稱呼，然而眼或手的型態研究、表情研究等做爲醫學診斷的技術已陸續地開發。

由此可見雖然人相術的科學根據還有值得商榷的地方，然而它卻已經歷漫長的歷史。光從在漫長的歷史深受民衆喜愛這一點看來人相術，具有其重大的價值。現代的天文學是起源於中世紀的占星術。從曾被稱爲妖術的鍊金術才開始有化學的研究。

而今日人相術已成爲最前端的科學，在醫學上、心理學上、生理學上的各種關係上成爲衆人研究的焦點。

chapten 1——臉型占卜

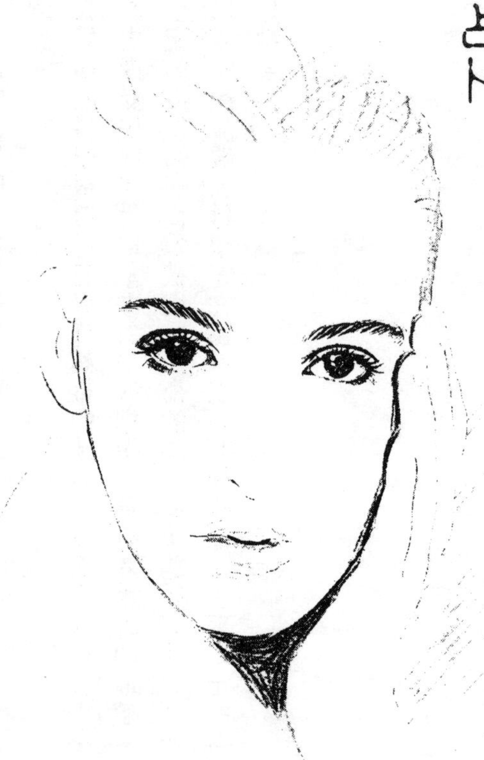

何謂七種基本類型

臉型基本上可以分類爲七型。如左圖所示，在朝向正面的臉孔的眉毛和眼睛中間、鼻頭前端畫水平線①和②。如此臉孔上區分爲A、B、C三個部份。

根據A、B、C的大小（面積）比率而決定臉型。

A的部份是「頭」部，與知性活動和判斷力等關係密切。

B的部份是和感情、體貼心、社交性有關。

C和「口」關係極爲密切，是表示活力或體力、行動力。

運動選手這部份較爲發達乃是這個原因。

①圓型

B相當發達的人（A、C同）而臉孔整體寬幅廣。

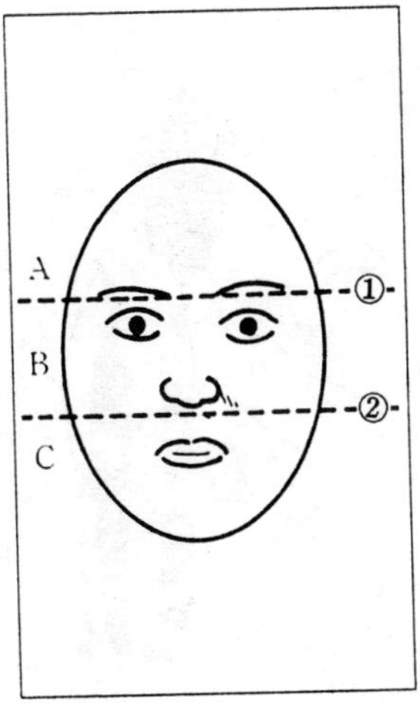

②蛋型

和圓型幾乎相同，臉孔整體的寬幅較窄的人。

③四角型

A、B、C相同，橫幅較廣。

④細長型

A、B、C相同，橫幅較窄。

⑤本壘型

A、B相同C較窄。

⑥混合型

C較廣、A、B不對稱。

⑦倒三角型

A較廣，B、C窄。

以下就舉具體的例子針對①到⑦各型的基本性格做一番說明。

①——圓型

肌肉厚實而渾圓的臉孔，性格如其外貌般溫和。體型多半是帶著渾圓感。

圓型的人待人溫和，和任何人都能相處融洽的社交家。性格好、親切，不過，也具有任性及自掃門前雪的個人主義的一面。而這種臉型的男性在金錢方面顯得有些不牢靠。

和圓型人相處的要領是成爲好的聽衆。如果你的男朋友是圓型臉的人，可以和他共享用餐、興趣、運動等的愉悅，而女方最好採取傾聽男方談話的乖順態度。

這種臉型的人具有協調性，天生難以抗拒他人的請求，如果公司的上司屬於這種臉型受益頗多，然而言而不行也是這種臉型的特徵。

②——蛋型

外表的特徵是瘦長而下顎帶著圓弧感，額頭清晰而廣圓。這種臉型的女性多半是美女。

具有順應性，若是女性即使身爲職業婦女也能兼顧工作與家庭。而且，富有理性，在混亂的事態中絕不慌張失措，能做正確的判斷。情緒極爲穩定鮮少高低起伏，多半會獲得旁人的信賴。不過，神經非常細膩，會爲一點小事而變得消沉、落寞。

將公私劃分得極爲清楚並奉爲信條的人，因而和這種類型者交往，絕不可有貿然的行止。若因爲彼此感情好而像黏皮條似地糾纏或擅自行動，無視於對方的存在，只會惹來對方的厭惡。

在工作上端莊有禮、又具有創造力，然而似乎欠缺執著的耐力。自尊心相當高，如果部屬或年幼者以不遜的言詞指責過失時會勃然大怒。

若要與這種臉型的上司和平相處，最好能指舉對方並認可其存在。

③——四角型

方正的臉型其特徵是四角型的下巴和發達的臉頰骨。口大唇薄，運動員常見的人相。

對任何事都表現積極的態度、意志堅強。即使碰到困難也不氣餒。

正義感強而不牽就事物，但缺乏融通性，一旦決定的事情一定貫徹到底，在職場上很容易和上司或部屬有意見上的衝突。這種臉型多半是所謂的「老大氣質」有事相求一定鼎力相助。

④——細長型

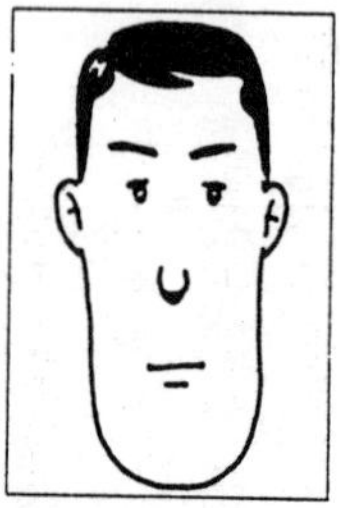

臉型長，下巴呈四角型，而鼻、口顯得小的人。對細微瑣事顧慮週到的性格，具有研究的熱忱，擅長與人交際。適合必須有特殊

技術或才能的職業。

乍看下顯得通情達理，其實很難表白自己的眞心本意。因此，在工作上的交往令人感到費力，但喜好研究又熱誠，有許多足以當做參考的優點。

細長型的男性似乎對性愛的追求強過一般人，而箇中技巧也出類拔萃。也許是天生的花花公子吧。

細長型的女性反而在性方面較生澀，不過，在心靈深處倒渴望有病態的性關係。

⑤——本壘型

顴骨到下巴的線條非常明顯，體格健壯帶有剛陽氣。

總之，是研究熱心的性格又具有耐性。在交際上沒有特殊的好惡，和任何人都能打成一片。具有對他人的體貼與同情心，屬於不將自己內在感情表露在外的類型，因而受到任何人的喜歡。

不過，這種個性有時也會受人誤解或無法向喜歡的異性搭訕，甚至不敢碰觸異性朋友的手。

本壘型的男性不會拈花惹草，只對單一的女性鍾愛，做爲妻子的人可以放心。
但是，本壘型的女性恰如其反。喜歡和複數的男性交際。在性方面表現極爲大膽。

⑥——混合型

特徵是臉孔整體有稜有角或變型、額頭小顴骨寬大的人。
頑固、不服輸、神經質、愛慕虛榮，似乎找不到一處優點，不過，在各方面表現積極的意欲令人搞不清楚其正業爲何，而做任何事都能展現一般以上的能力。當政治家或影視明星、秘書似乎有好的發展。
這種類型碰到志趣相投的人會與人相處融洽，然而只要有一點不滿意則全盤否定對方。
畏懼權勢又喜歡受人吹捧，在這方面進擊必能與其相處融洽。
混合型的男性具有喜歡病態性愛的傾向。而女性則有對性認爲是不潔的行爲並憎惡的傾向。這種女性如果碰到被男性背叛或產生不信感時，很可能走向同性戀。

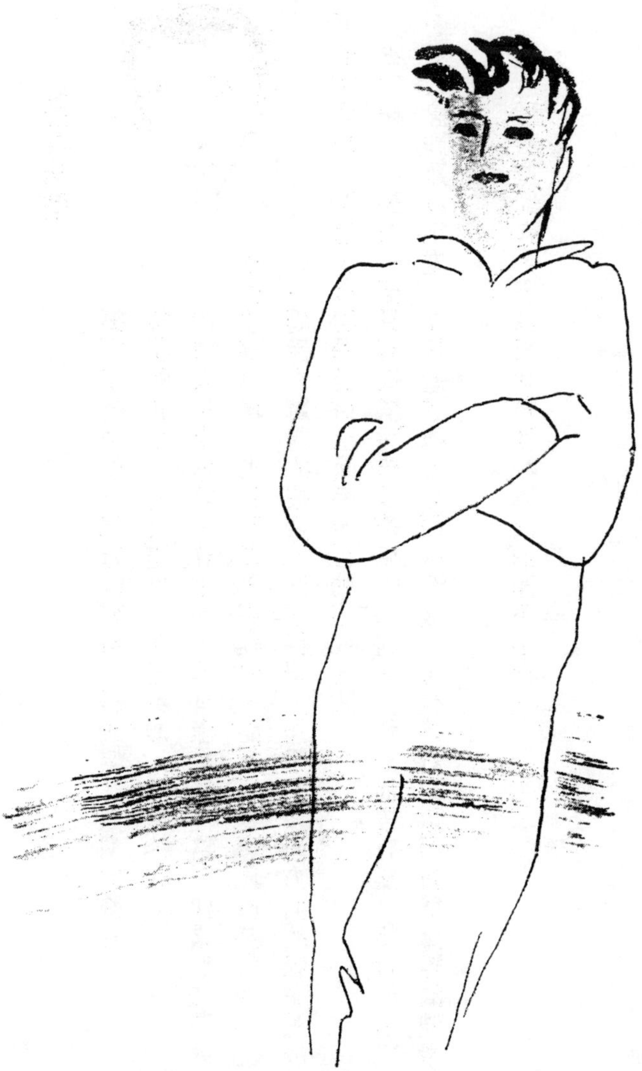

⑦——倒三角型

額頭寬臉型往下巴方向變窄，形成倒三角型的臉孔。

整體臉孔小，而身體也多半是細瘦、嬌小的人。

這種人多半屬於一絲不苟、具有潔癖的性格，如果無法順遂己意會感到焦躁。也具有優柔寡斷的一面，但會專注於某一件事上而有令周遭人驚訝的機智。從事科學、醫學等技術方面的職業其成功的可能性極高。不過，會因過於自信而妄自行動造成失敗。

雖然缺乏行動力，卻具有細膩而羅曼蒂克的一面。多數人都帶有難以接近的氣氛，因而令人感到難以相處，要接近這種人必須以浪漫、帶有夢幻的話題做爲交際的潤滑劑。

而這種臉型的人，不論男女對性較爲淡泊而不積極。

根據臉型診斷匹配性

接著根據以下七種臉型來診斷匹配性。請看次頁的匹配性表。

①圓型

圓型臉孔的優點是具有協調性。因此，和同樣是圓型或具有順應性的蛋型的人匹配性極佳。

但是，四角型的人富有強烈的正義感，又具有缺乏融通的一面，和圓型的「事不關己主義」的性格會造成衝突，根本無法和平相處。

和混合型的人交談後，如果對方表現不感興趣的態度則無法相處。但對方顯得話題投機時，則雙方的匹配性極佳。

②蛋型

對方／自己	圓　型	蛋　型	四角型	細長型	本壘型	混合型	倒三角型
圓　型	◎	◎	××	△	△	×	×
蛋　型	◎	○	×	○	△	△	◎
四角型	××	×	××	◎	○	○	△
細長型	△	○	◎	△	×	×	○
本壘型	△	△	○	×	×	××	×
混合型	×	△	○	×	××	×	×
倒三角型	×	◎	△	○	×	×	××

蛋型的人具有順應性，和任何人幾乎都能相處。不過，多半是神經細膩又自尊心高的人，和不拘泥小節的四角型的人匹配性並不好。

③四角型

四角型的人具有強烈的正義感，若能理解其性格則能相處，但是和同樣是四角型的人由於都具有缺乏融通性的一面，動輒爭吵。

當然，和圓型的匹配性也最差。

和本壘型、混合型、倒三角型的人的匹配性還好。女性若是本壘型或混合型更好。而最佳的是細長型的人。

④細長型

心思細膩鉅細靡遺，又具有通情達理的一面，因而和所有臉型的人在匹配性上並沒有最差的拍檔。不過，和本壘型的人必須耐著性子交往。

⑤本壘型

具有體貼、同情心，因而深受同性者的歡迎，然而和異性之間的戀愛則另當別論。尤其和混合型的人有如犬猿之交。

⑥混合型

混合型彼此間的頑固性格會造成齟齬，是匹配性非常差的拍檔。

⑦倒三角型

帶有神經質的倒三角型，和同型的人難以相處已是不爭的事實。

第一印象靠不住？

相親照片或應徵職務所投遞的履歷表，上面的人頭照常被人做爲判斷對方人品的材料。

但是，對人相術缺乏知識的人，根據第一印象所做的判斷往往出人意外。

美國的心理學家曾做過一個實驗。內容是讓二十五名一般人看四十六名軍人的照片，從中選擇自認爲①「智能最高」及②「最得人緣」的類型。

據說其結果是，幾乎所有的人選擇同樣的照片做爲①和②的答案。

但是，受驗者所選擇的是額頭寬廣、鼻高的人頭照。誠如本書所介紹的人相學上認爲額頭寬廣而鼻高的並非智能高的臉孔。美國所做的這項智能測驗的結果推翻了這個論理。

淺野八郎的人相秘術 1

爲何這二十五名受驗者的判斷都不正確呢？

一位名叫何合巴克的學者認爲：原因是認爲某個臉孔具有某種特徵時，往往會產生也有其他優良特徵的偏見。

雖然外表英俊瀟灑和智能高低毫不相干，然而在日常生活中我們往往會錯覺地以爲「英俊＝知性」。

您是否也在不知不覺中把自己並不清楚的人，認爲具有知性或認定是難以相處的人呢？

chapten 2 —— 眼占卜

首先從眼睛大小來診斷

人相學上判斷眼睛大或小乃是以雙眼之間的距離爲基準。如下圖所示A、C的長度比B長的是大眼，A、C的長度比B短的是小眼。

大眼睛的人好奇心旺盛、具有豐富的感受性與表現力。尤其是男性對女性態度極爲積極而熱情，又擅長以甜言蜜語攻陷女性的心房。

對自己的推銷重點瞭若指掌又滔滔善辯，生性無法隱瞞秘密，因而絕不可能在背地裡和其他的女性交往……。擅長花言巧語的這種類型具有音感、韻律感等音樂方面的才能，聲磁多半甜美。歌手中有許多眼睛大的人，正好證實了這個道理。

女性中眼睛大的人在觀念、性格上和男性一樣地開放，會積極地與他人交際，因而在男性運方面

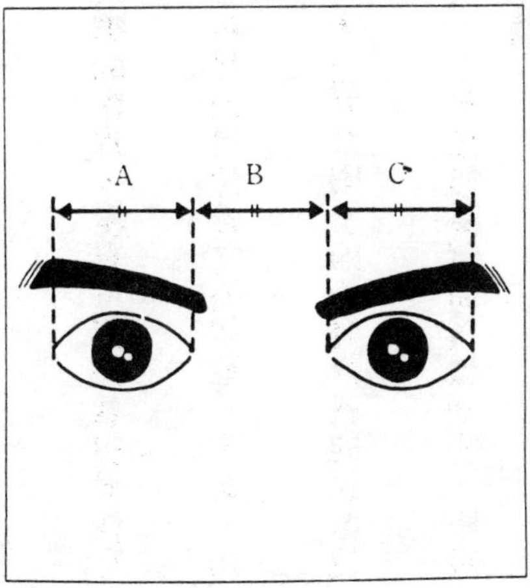

並不用操心。

相反地，可能因爲過於開放而在性愛方面也有大膽的作爲，極有可能任意與異性交往。

而且，眼睛大而圓的女性是衆人喜愛，尤其深受年長的男性寵愛的類型。不過，如果眼睛太大的女性結婚運並不好。

有些大眼睛的人卻具有銳利的眼光使人折服。日本上野公園上的西鄉隆盛的銅像就是這種眼睛。

具有這種眼睛的人度量大、精力旺盛、胸懷遠大，不畏任何障礙而貫徹到底。據說這種眼睛的人身材高大、魁梧的人具有控制天下的素質。

小眼睛的人沒有大眼睛者的嬌豔，也不會積極地表現自己而不醒目。但是，是屬於耐力強、穩紮穩打一步步努力直到顚峰的類型。

小眼睛的人很難開口向自己喜歡的人表白自己的心意，因此，喜歡上眼睛小的人必須主動地帶頭領導，否則永遠只是兩條平行線而無法交集。

眼睛過小的女性情緒起伏極大，與之交往的男性必須具有過人的忍耐力。

下圖所示左右眼大小不同的，稱爲「雌雄眼」。這種人多半要領好，天生地懂得掌握他人心的方法，多半是擅長處事的人。但是，情緒變化多端，往往被人認爲是神經質的人。

這種眼睛的男性懂得性愛的要領，而女性的性感度極佳。

不過，女性多少帶有風流的素質。

凸眼與凹眼的不同

所謂凸眼是上眼皮顯得腫脹使得眼球往前凸的眼睛，這種眼睛的人會運用自己的體力積極地行動。因此，不適合一整天坐在辦公桌前的工作，不論工作或遊樂都是貫徹到底的性格。

這種眼相的人具有不畏困難的性格與體力，會帶頭領導身旁的人。也具有滔滔的辯才，因而在有

〈雌雄眼〉

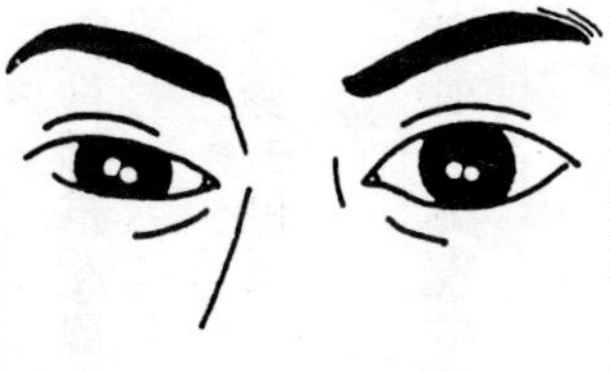

這種眼睛的女性的職場上工作，能力差的男性可要受苦受難了。

在凸眼中上下眼皮厚，使眼睛上下渾圓的『圓眼』的女性，對性極爲開放，有異性相求時不忌諱時間或場所而積極地接納。

由於天生這樣的性格，即使已有丈夫也和其他男性常有性愛方面的關係。如果不是和心胸特別寬廣的男性結婚，婚姻生活大概難以持久。

而和一般的凸眼相反地，上眼皮肉薄而只有眼球凸出的人，例如日本諾貝爾文學獎受獎者，已故川端康成的眼睛就屬於這種類型。這種人對於環境或狀況特別敏感，觀察力也比一般人強，又具有豐富的感受性。

也許是因爲如此，常有精神方面的糾葛甚至會自己了結生命。同時，據說這種眼睛的人很容易遭遇意外事故。

這種眼相的人不論男女都早熟，極早就有異性關係而成爲旁人閒話的對象。

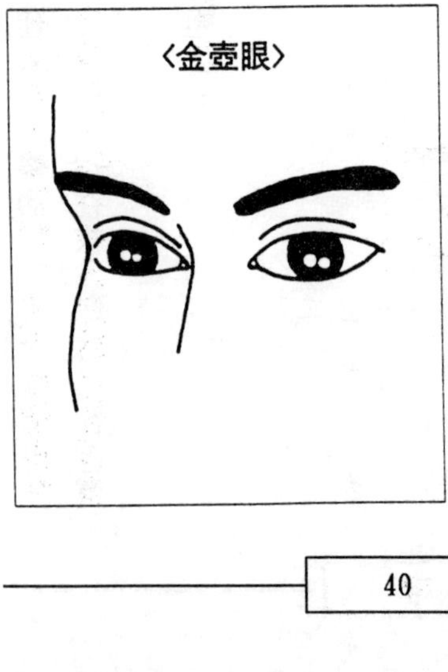

如前圖所示凹陷的眼，稱爲『金壺眼』。

討厭與他人交際又不會表現喜怒哀樂的感情。或者不擅長表露內在感情。

由於不擅長愛情表現，幾乎沒有所謂的戀愛技巧，因此缺乏異性運。

附帶一提的是，上眼皮的部份稱爲『田宅宮』（參考66頁）由於這個部份較薄而難以期待至親者的援助。

從瞳孔（黑眼）拆穿性格

在人相學上將眼做三等分時，比黑眼的三分之一較大的稱爲大黑眼、較小的稱爲小黑眼。

一般所謂的白眼是指瞳孔（黑眼）左右的部份，不過，如次頁所示，偶而也可見三方白眼的情況。

這稱爲『三白眼』而黑眼位於下方的稱爲『上三白』，位於下方的則概稱爲三白眼或『下三白』。

三白眼的特徵是品味高、自我強、爲了達成目的會使出渾身解數的激烈性格。

同時，非常重視義理人情而有許多同伴，然而恐怕樹立更多的敵人。因此，古來有所謂的『三白眼有劍難』之說。

不過，三白眼的人多半具有極強的運勢，如果能熟知自己的優、缺點而抑止缺點，盡量表現好的一面，成爲統率一國的大人物也非夢想。

在三白眼中據說上三白的人具有比下三白更強烈的不良性格。除了冷酷無情外又帶有殘忍、陰險及執拗不休。

當然，並非有這種眼相的人都是這種性格，爲了慎重起見在此特別附註。

上三白的女性，意志較爲薄弱，似乎隨時畏懼著什麼。

如果能刻意地表現開朗的態度，運勢會自然地敞開。

黑眼小的人，遣詞用句非常客氣而待人溫和。

〈三白眼〉

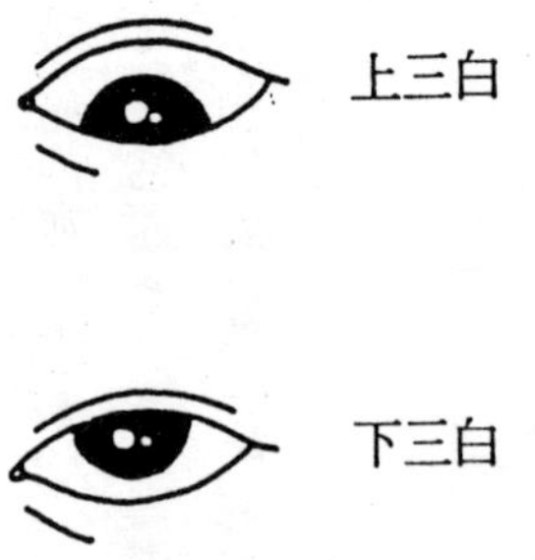

不過，另一方面有時可能會用冷酷的言行舉止傷害到他人。

黑眼大而閃閃發亮的人重感情、性格坦率，具有使周遭人的情緒緩和的才能。結婚運及子孫運好，能建立安祥愉快的家庭。

根據眼型揣測人心

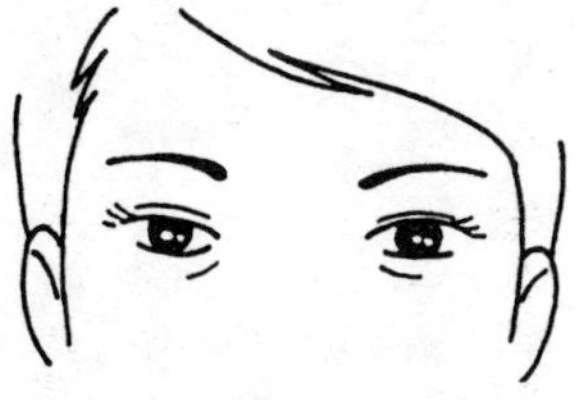

圖1

圖2

圖3

圖4

①——眼和眼的間隔

雙眼間寬的人（參照圖1）。若是女性很容易受男性影響，甚至輕易地受騙上當。屬於幻想家，經常更換工作，因而最好養成慎重地思考事物的習慣。

雙眼間隔狹窄的人（參照圖2）。這種眼型的人對細微小事面面俱到，會慎重思考之後再採取行動，因而鮮少受騙上當。

但是，過於慎重而具有猜疑的一面。其實猜疑心應適可而止。

②——眼睛上吊

這是所謂「狐狸眼」的眼型（參照圖3）。自尊心強、不服輸的性格有時容易樹敵。也有嫉妒、偏頗的一面。

不過，眼神犀利而誠實的眼，雖然眼球上吊不正卻充滿著正義感，腦筋也相當靈活。

③——下垂眼

眼角下垂的人（參照圖4）。極討人喜愛，常成爲商量的對象。而且碰到困難會有立即表示同情或援助的人。

但是，口齒過於靈巧乃是其缺點。凡事行之過度就不好。這種眼型也是詐欺師常見的眼相。

雙眼皮或單眼皮

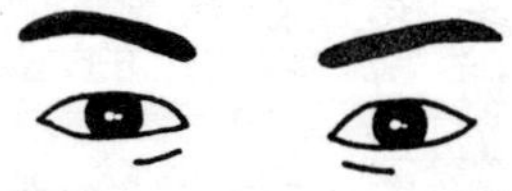

圖5

圖6

圖7

圖8

①——單眼皮

雙眼都是單眼皮的人（圖5）思慮慎重幾乎到膽怯的程度，舉止行動非常小心。

單眼皮的男性比雙眼皮或三重眼皮的男性，在性方面較強而熱心研究。

②——雙眼皮

兩眼都是雙眼皮的人（圖6）對異性的態度積極、能博得人緣。喜歡被愛勝於愛人。同時，這種類型的男性擅長製造氣氛，會用花言巧語攻陷女性的心房。

③——只有一邊是雙眼皮

正向的左邊是雙眼皮的人（圖7）和右邊是雙眼皮的人（圖8）。只有左邊是雙眼皮的人在性方面具有相當開放的思想。這種眼型的男性對待女性非常溫柔，不過，被親切的對待也許並非只有妳一人。

如果男友是屬於這種眼型，女方應特別小心與其交往。

右邊是雙眼皮的人乍看下顯得冷淡，其實對其所誠心以待的人會表現奉獻而溫柔的態度，令女性滿足。

根據魚尾‖眼角瞭解異性運

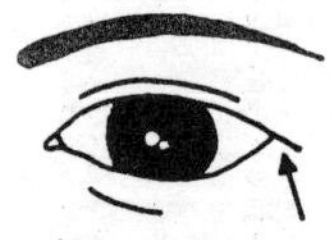

圖9

圖10

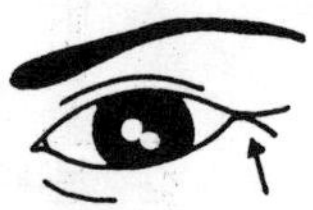

圖11

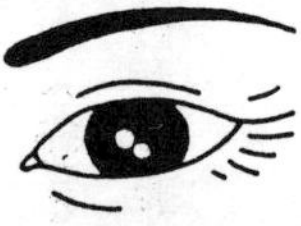

圖12

圖13

人相學上稱眼角爲『魚尾』

魚尾主要是表示和異性之間的關係或人際關係、夫婦之間的相。

如圖9所示，魚尾下垂的人具有緩和對方情緒使人容易親近。不論男女個性都非常溫和。不過，欠缺勇氣與決斷力，雖然內心渴望拒絕對方卻往往接下對方無理的要求。

圖10所示，眼角呈一直線切出的眼相，是個性溫和又意志堅強的人。做任何事都帶著誠心誠意，因而常受到他人的信賴又有良好部屬之惠。尤其是女性，會有美好的姻緣成爲賢妻良母。又得子貴，將成爲幸福美滿家庭的太太。

圖11是魚尾分叉爲二的眼相。具有這種眼相的女性能攀龍附鳳。攀龍附鳳後成爲賢妻良母受到丈夫、兒女的信賴。

如圖12所示，魚尾有複數皺紋的人，是和複數異性交往的「淫亂相」。

這種眼相的人如果和圖13所示眼頭鼓脹，是表示性荷爾蒙分泌旺盛，並無法以單一的妻子或丈夫爲滿足，生性必須風流。

當然，夫妻的感情每況愈下。日本某女明星常因戀愛問題成爲媒體傳播的焦點，而她的眼型就是這種典型的魚尾。

下眼瞼隱藏SEX運

眼睛和臉頰骨尾端之間的半圓球狀，亦即下眼瞼稱爲『淚堂』。

誠如其異名爲「男女宮」乃是暗示異性運或愛情運、SEX、兒女運的位置。

幾乎所有的人淚堂都有點浮腫，而顯得特別鼓脹的人精力旺盛。如果女性這個部位的色澤佳又鼓脹，則具有非常敏銳的性快感。而男性是強壯又可以期待溫柔性愛的人。

淚堂潔靜而鼓脹的人有極佳的異性運，多數人會有好的婚姻，和伴侶度過甜蜜而溫馨的家庭生活，又有兒女之惠。

至於淚堂部份沒有鼓脹或幾乎看不出有鼓脹的人，性較弱，若是女性可能是討厭性愛關係而性感度也遲鈍的人。異性運差，結婚生活失敗的可能性極大。

淚堂隨著年齡的增長會漸漸下垂，而年輕時有如袋狀下垂的人結婚後會造成不幸。即使不致於離婚的地步，也可能和丈夫或兒女分離獨居。

淚堂烏黑而色澤暗淡是性交過度。雖然暫時的發黑是莫可奈何的事，然而平常淚堂顯得黑的人，乃是每天沉淪於性愛之樂的證據。

除了淚堂的鼓脹、色澤之外，若有傷口或黑痣、黑斑等，在人相上也是缺點。

根據眼型判斷匹配性……

自己＼對方	大眼	小眼	上吊眼	下垂眼
大眼	◎	○	○	×
小眼	○	○	◎	○
上吊眼	○	◎	×	○
下垂眼	×	○	○	◎

接著，根據以下四種眼型來診斷匹配性。請看上面的匹配性一覽表。

和大眼睛的人匹配性好的還是同樣類型的大眼睛的人。男性擅長花言巧語又手腳俐落，而女性多半是容易上鉤的類型，因此，也許首次邂逅的當天即有性關係。而匹配性不好的是下垂眼（ㄟ字型的眼）的人。

小眼睛的人不管對方的眼型如何，在交往之前頗爲費力，而交往之後多半能兩情相悅。尤其是和上吊眼的匹配性特佳。

上吊眼的人和同類型的人的匹配性並不好。多半會爲無聊小事動干戈。

常會彼此嫉妒，那不服輸的性格會帶來禍害。和下垂眼的人匹配性還不錯。

淺野八郎的人相秘術 2

眼睛比口傳達更多的訊息

據說一流企業的資深高級幹部，在公司招募新人的面試上只要看一眼初次見面的應徵者，幾乎可以判斷該人的生長背景、性格、將來性，乃至其異性關係。

而這些具備卓越觀人術的高級幹部，據說是觀察對方的眼睛。換言之，有時眼睛比口更坦率地爲自己做介紹。

即使口頭上說盡一切好話而在內心裡帶著敵意或輕蔑時，眼睛會自然地將內心事表露出來。

根據芝加哥大學的艾克哈德·H·霍斯的實驗，證實了人的瞳孔大小會根據對某對象的關心度而產生變化。

譬如，在同樣的亮度下讓同一個男性看風景照片和女性的裸體照。結果看裸體照時瞳孔比前者大約兩倍。

淺野八郎的人相秘術 2

接著再讓該男性看風景照時，發現瞳孔急速地變小甚至失去了光輝。

其實不僅是看景物的眼睛，當思考自己極爲關心的事物時，瞳孔也會擴大而產生光芒，而腦筋一片空白或顯得無聊時則有相反的變化。

換言之，即使再怎麼巧妙地虛應搪塞，只要窺視對方瞳孔的深處，應該可以發現該人的眞心本意。

chapter 3 — 眉占卜

眉長所代表的含意

眉是根據其長度、毛質（毛順）及外型來判斷人相。

眉的長度是以小鼻兩端延長到兩眼眼角的線爲基準，比這條線長或短而決定長短。當然，比這條線長的是長眉。

①眉毛前端正好位於線上的人

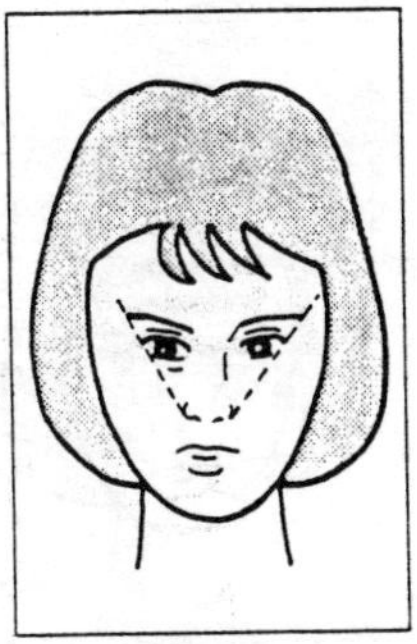

這是最理想的眉型，大部份的人都因戀愛結婚而獲得幸福。

這種人內心帶著炙熱的感情，爲深愛的人即使赴湯蹈火也在所不惜，而女性多半是被對方熱愛的類型。

甚至會被攝影師或賽車選手等從事時髦行業的男性求婚，這種類型的人越早結婚越好。

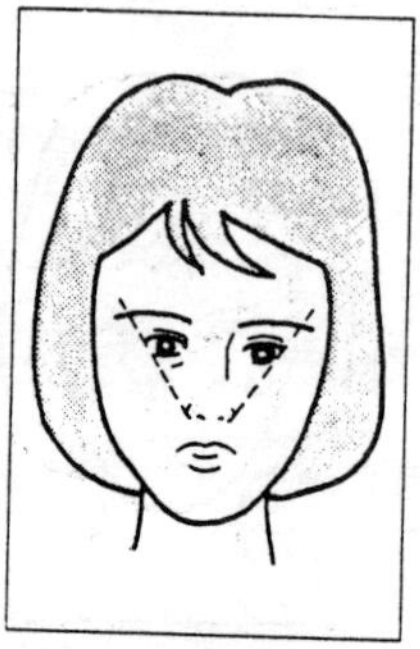

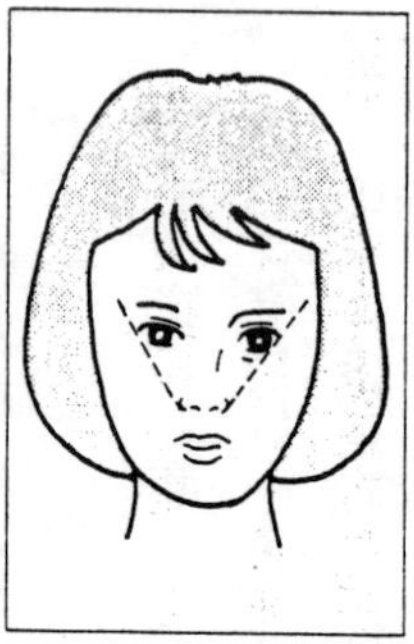

②眉毛前端露出線外的人

溫柔地包容對方以表現愛情的類型。在戀愛方面多半是屬於相親或藉由朋友的介紹認識異性，隨著交往而漸漸培養愛苗的類型，鮮少有初逢乍識即一見鍾情的傾向。女性是屬於大姊型妻子之相，應該會有年幼的男性或少爺型的男性追求。不論男女，婚姻都較晚。女性在二十五歲左右會有美好的婚姻。

③眉毛前端位於線內的人

非常內向而心地善良的人。生性老實寡言，並沒有爲愛粉身碎骨也在所不惜的激情。

在旁人的敲邊鼓下有點爲難地相親，在不知如何發展以後時，婚事已慢慢地進行而結婚。對方也多半是公務員、老師等從事踏實行業的人。

當然，女性有時也可能被從事特殊行業諸如在演藝圈工作的男性追求。

④眉毛前端偏離線的人

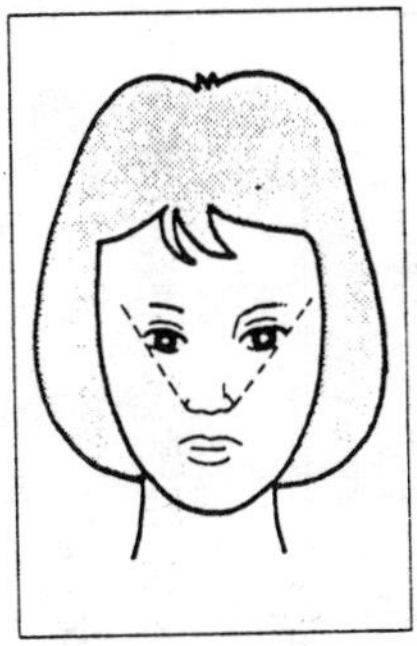

這種類型的人和結婚運、異性運似乎有點偏離。

覺得找到一個非常喜歡的異性時，恐怕對方已有妻室或心有所屬、羅敷有夫等，愛情方面常止於單相思的悲慘。

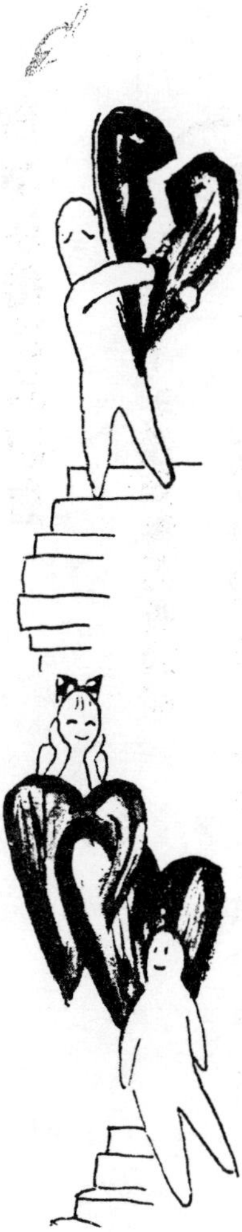

眉型所傳達的訊息

①毛順齊整而長的眉

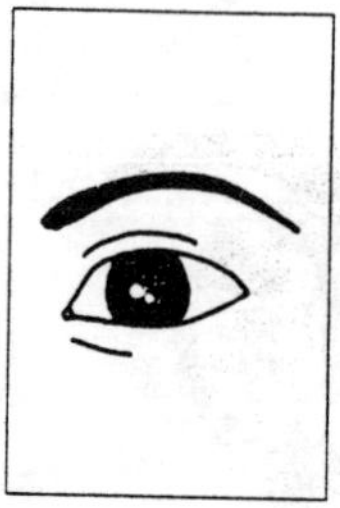

長眉是兄弟感情好，困惑時有他人援助之相。

不過，有時因手足情深而難以離開父母身邊獨立。若是女性結婚後反而處處顧慮自己的父母或手足的情況勝於丈夫，恐怕因而成爲夫妻感情不睦的原因。

②短眉

眉比眼短是表示手足之緣淺薄。

如果只是緣薄只要自己努力奮發仍可在世上擁有自己的一片天空，不過，恐怕辛苦所賺的錢財會被手足求取或做爲借款的抵押。

短眉而濃毛是表示激烈的性情。如果職業棒球賽上有藉機攪局的選手，不妨仔細地觀察他的眉毛。

女性中有許多眉毛薄弱的人。而男性也偶而可見。這多半是幼兒期沒有獲得父母的愛情，這種類型的男性似乎具有窮追女性不捨的癖性。也許這是無法獲得愛情的反證吧……。

女性的眉毛極端稀薄的人缺乏男性運。即使結婚也糾紛不斷，不論丈夫或妻子都是不佳之相。

③濃眉

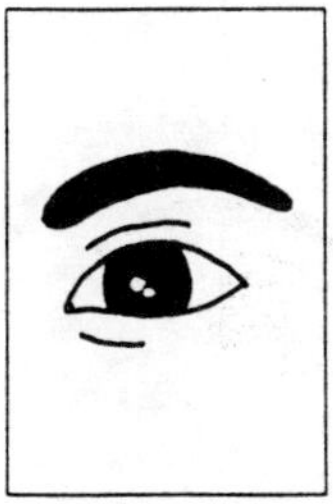

眉濃又長到眼角的人，是繼承家業之相。即使不是長男也會以不同的型態繼承家業。

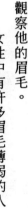

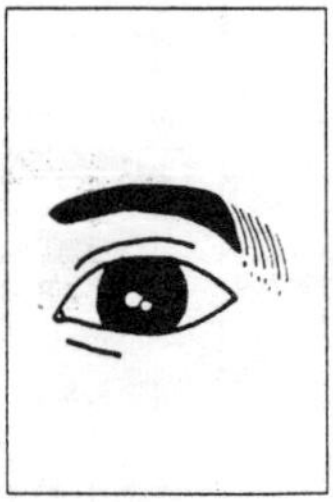

④羅漢眉

濃眉且眉毛長，幾乎覆蓋眼睛的稱爲『羅漢眉』。

簡言之是大器晚成型。雖然缺乏融通性卻是踏實的性格。生性老實因而不擅長逢場作戲的交往。

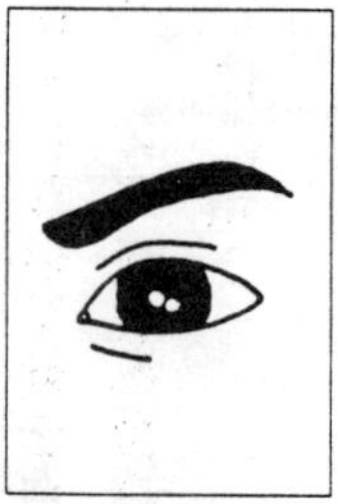

⑤尾端上揚的粗眉

這是俗稱的義經眉。據說源氏大將、源義經的眉就是這種眉型。

激情型的性格和一般所謂的熱情不同，是無法壓抑自己感情的眉相。缺乏耐性，無法順遂己意時會表現任性的作爲。而一旦動起怒來會不分情況魯莽行事。

這種類型的男性在求愛時極爲羅曼蒂克又大膽。雖然瞭解這種男人的脾氣，然而在其咄咄逼人的追求下，多數的女性會神魂顛倒吧。

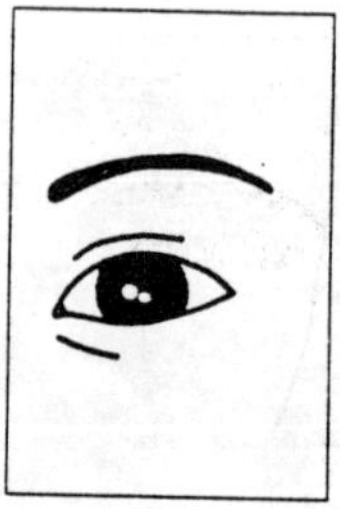

⑥三日月眉

別名新月眉或柳眉的高貴眉型。佛像畫上所見的眉也是這種三日月眉。

生長在富裕的家庭或傳承數代的老家的人常見這種眉型。缺乏在社會上與人相爭的能力，然而常有他人之助而可以在社會上立足。生性善良不會猜疑他人，因而容易受騙上當。

位於眉偏上的位置的細眉與此極爲類似，那是對性帶有強烈慾望的性格。這種相有桃色之難，因此，情人或結婚對象是這種眉型，最好要設防。

三日月眉的人具有感性敏銳的優點，最好從事活用這個專長的職業。

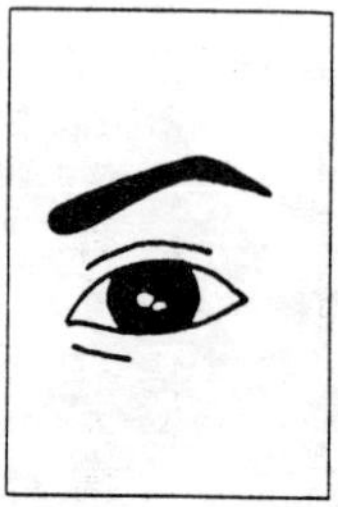

⑦ㄟ字型眉

蘇菲亞羅蘭等外國的女明星常見這種眉型。

自尊心強，討厭受他人指使，任何事都帶著熱情與進取的態度處理。

具有活力又精力旺盛，男性倒不得而知，女性婚後恐怕難以安於家室。不論男女在社會上都會成功。

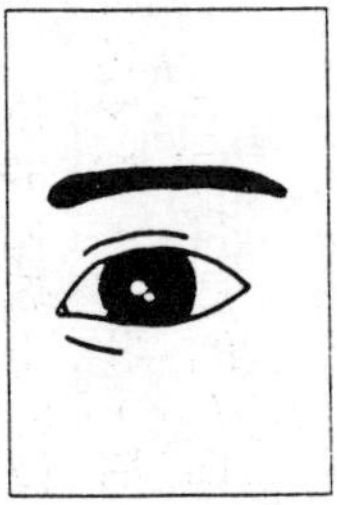

⑧一字型眉

一字型眉的人性格和其眉型類似。朝著既定的目標專注而勇往直前的人。

雖然工作能力強又迅速，卻從不考慮旁人的感受。不論男女都是缺乏溫柔之相。

⑨八字眉

乍看下顯得溫和，而多半也是如外表所示的性格。具有旺盛的服務精神，會令人全盤信賴之相。

但是，這種人的言詞中常有另外一種含意，必須小心與其接觸。

財運雖然不壞卻不擅長管理，不是屬於積蓄錢財的類型。

而女性具有八字眉的人，據說會爲父母而犧牲。

⑩眉間相連的眉

具有把內在感情或把心理所想的事情付諸行動的性格。半途而廢最令其難以忍受。

賭博時也喜歡一次決輸贏的大賭注。在戀愛方面絕不會有遊戲人間的逢場作戲。

眉間部份朦朧而淡薄的人，具有洞察他人心事的能力以及預測未來的直覺。性格難以捉摸又具有強烈的嫉妒心，若和這種類型的人交往絕對不可有二心。

⑪斷斷續續的眉

眉的途中斷斷續續的人感情的起伏較大，勃然大怒後隨即又變得溫和，性格極不安定。

但是，具有敏銳的直覺，會聯想到一般人難以想像的事情。

「田宅宮」是財產繼承之相

眼和眉間的部位在人相學上稱爲『田宅宮』。

這個部份是觀察有無旁人的援助或與手足之間的關係，尤其是有關財產繼承之相，也是傳達人緣運之相。

這個部位寬廣厚實又無傷口、黑斑、皺紋者是吉相。如果再加上色澤佳是最上之相。活躍的演員或歌手中多數人都有田宅宮極好之相。

田宅宮越廣性格越寬大，然而有時因過於大而化之而飽嘗世間的波瀾。

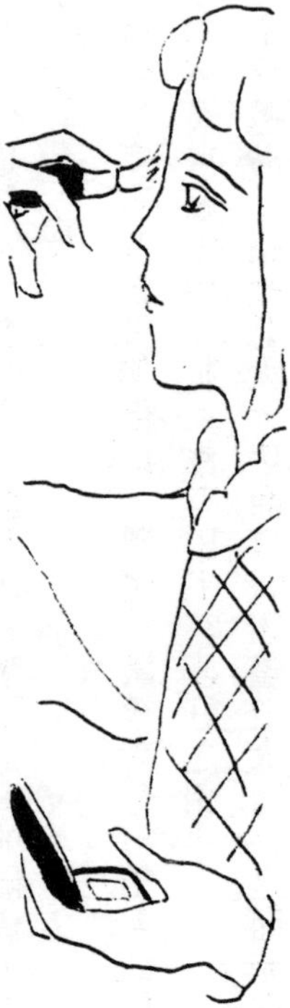

肉薄者是無法繼承遺產或繼承後花費殆盡、被詐取一光之相。

若是女性男性運不佳，可能獨身或與丈夫死別。

如果田宅宮的部份其色澤發黑或變得污濁，最好到大醫院做身體檢查。因爲，這是內臟或神經系統衰弱的證據。

根據「妻妾宮」診斷與異性間的運勢

從眼角到「太陽穴」的部份、如下圖所示的斜線部份稱爲『妻妾宮』。

這是診斷夫婦、情人等異性間關係的運勢的部位。

這個部位和田宅宮一樣，若無黑斑、傷口而色澤佳是吉相。不過，這個部份厚實的女性非常喜歡SEX。即使婚後也無法因丈夫而滿足，據說是擁有數名愛人之相。

這個部份的肌肉薄弱，可能一生過單身生活或離婚。所謂天不給二惡，這種相的人擁有工作運。

而有些人本來肌肉單薄，有了情人之後這個部位又變得厚實。所以，即使目前是凶相的人也不要氣餒。

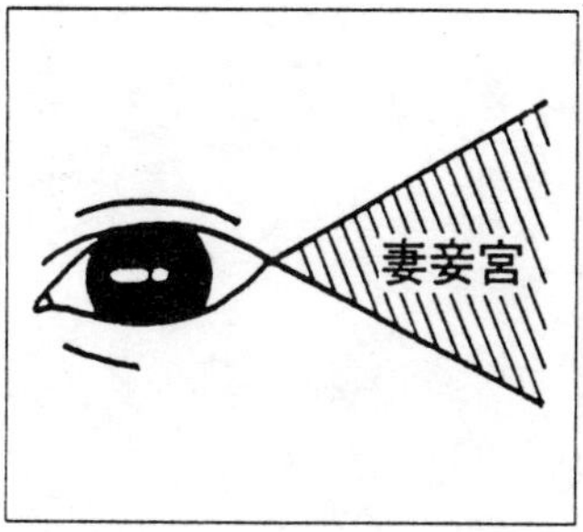

chapten 4 —— 鼻

占卜

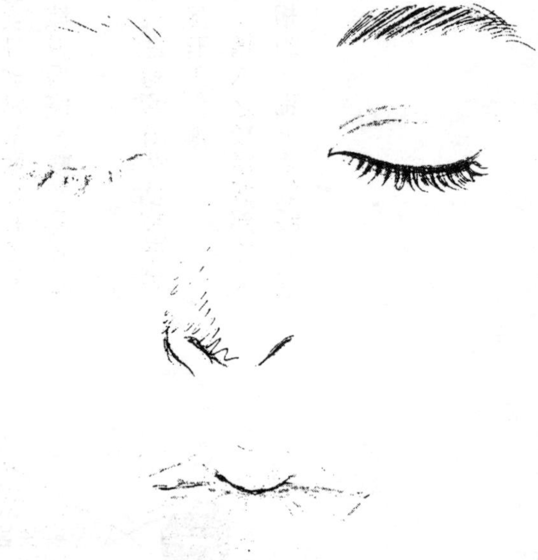

鼻高自尊心也高嗎？

請看下圖。以從髮際到下巴前端的長度之三分之一爲基準來決定鼻的大小。而從側邊看來，以鼻長的二分之一做爲鼻高的基準。

鼻子粗大顯見其充沛的生活力。而細鼻雖然缺乏生活力，然而女性若鼻太粗有欠雅觀，稍微細瘦一點較好。

長鼻的人富有理性又具美感。不過，欠缺社交性。也許是喜愛孤獨的人。相反地，短鼻的人個性開朗、大而化之。缺點是容易受他人意見的左右。

鼻子的高度是表示榮譽感、自尊。

鼻高榮譽心也高。然而太高的鼻只是愛慕虛榮而已。

從鼻根到前端把鼻分成三等分，由上依序稱爲「

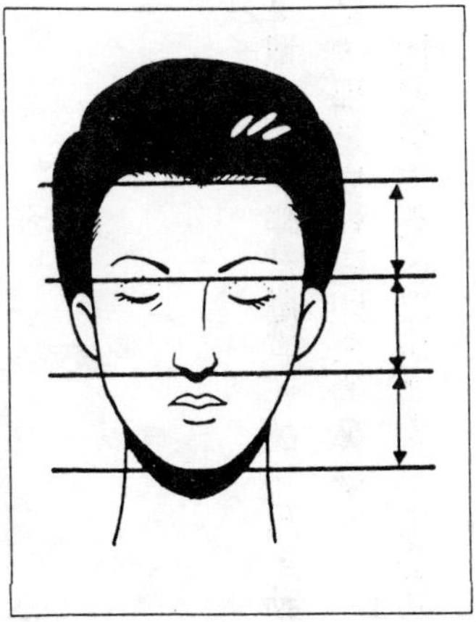

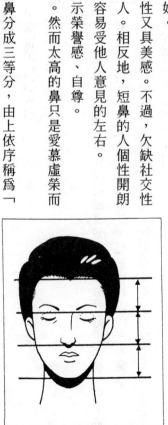

山根」「年上」「準頭」。

以下就根據鼻型個別說明相的不同

①——希臘鼻

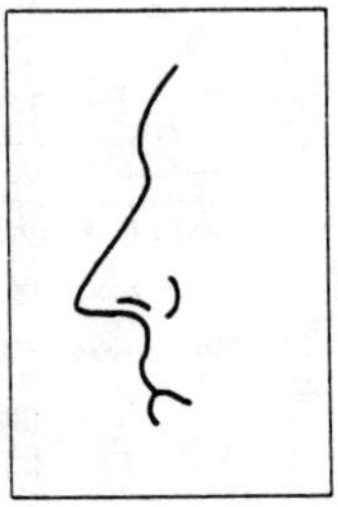

希臘雕刻像中常見的這種鼻型，鼻樑非常挺直。品味高，動輒被人批評「自識甚高」。但是，那是如外觀印象的鼻型。除了品味高之外又有潔癖、抱理想主義、自信過大，這些乃是造成旁人反感的原因。

但是，對於美或高尚的事物的造詣深，又具有對藝術的理解及優越的才能。據說也是所謂的攀龍附鳳之相。即使生長在貧困的家庭也有鯉魚躍龍門出人頭地的一天。

至於女性，誠如傳言乃是飛上枝頭的鳳凰。

②——矮小鼻

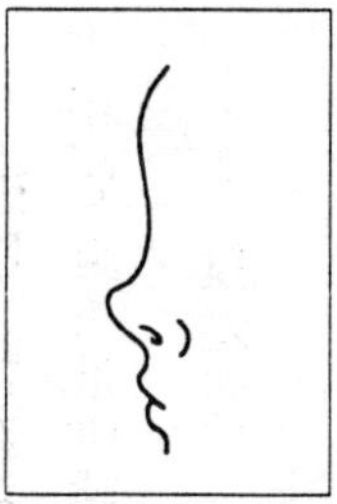

和希臘鼻正好相反的鼻型。

智能低、過怠惰生活者常見的鼻相。

出生環境惡劣又缺乏從困境振作的氣力與努力，邋邋遢遢的過完一生。

若是女性，缺乏倫理觀，任由慾念的驅使讓男性玩弄於股掌間。

③——凹陷型

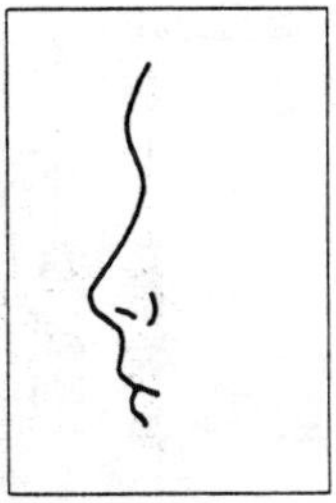

和年齡相較起來顯得年輕，給他人容易親近的印象。

對於性具有相當開放的觀念。男性喜歡被對方領導的性愛關係，選擇比自己年紀大的女性爲情人。

這種鼻型的女性很容易懷孕，兒女運極強。

但是，單身女性和男友發生性關係時可必須小心留意。因爲，事後痛哭流涕的總是女性……。

④──直線型

鼻樑呈一直線透徹，外觀極爲時髦的鼻型，這種人對細微小事顧慮過多，也具有只爲自己著想的傾向。

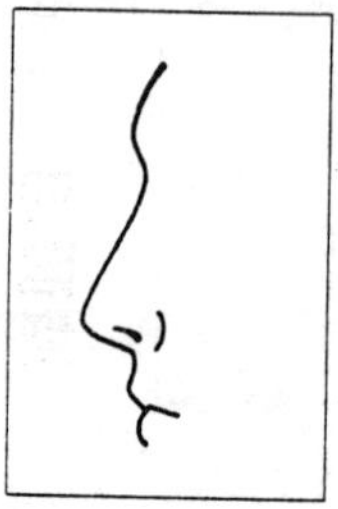

這種鼻型多半是俊男美女，極受異性的歡迎，然而交往不久即被對方說拜拜的情況可不少。

男性的性能力和堅挺的鼻型不同，缺乏體力，常使做爲其妻子的女性感到焦躁。不過，直線型鼻子的男性多半是頭腦清晰的秀才，在工作上或成功的坦道上都屬於吉相。

⑤──鷹勾型

前端尖銳的鼻型不論男女對性都有強烈的關心。對異性會熱情地追求，不畏任何障礙而強烈地貫徹自己的愛情。

而且，女性對這種男性一見鍾情時會成爲他的俘虜。即使有深愛的丈夫也是一樣。以男性而言是令人欣羨的鼻型。

這種鼻型的人藉由與異性談戀愛而對工作更產生熱情。相反地，不談戀愛時對工作也失去幹勁。

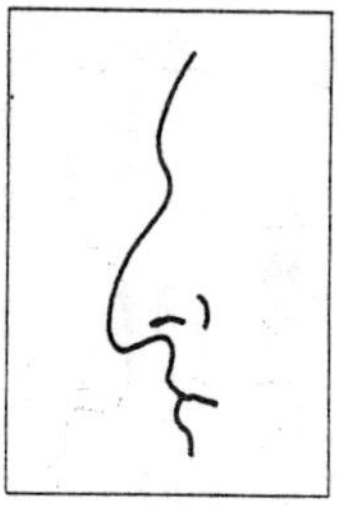

在政經界活躍的人中有不少這種鼻型的人物，相信夜晚的生活也極端忙碌。

⑥——段鼻

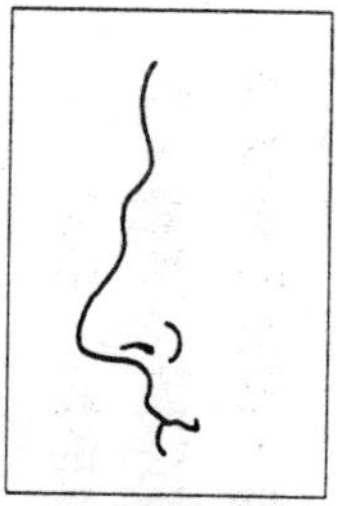

鼻樑中間部呈段層狀的鼻相。誠如外表的印象，鼻樑堅挺多半是頑固的人。

性格具有強烈的攻擊性又欠缺協調性，生性頑固毫不知所謂的妥協。

據說女性有這種鼻型是後家相（變成寡婦爲人小妾）。如前述的性格自然會使丈夫移情別戀，因爲這個原因發展爲離婚，乃是極自然的道理。

段鼻隨著年齡的成長前述的傾向越爲強烈。鼻小而呈段鼻的女性，充滿幹勁而不讓鬚眉，婚後也會在外工作。

這種鼻相的女性最好結婚後不要待在家庭而出外工作。因爲，這種鼻相隨著勞動會漸漸表現出性格上的優點。而且又具備兼顧工作與家庭的能力。

附帶一提的是這種鼻型的女性是屬於「再婚相」，亦即第二次的結婚會獲得幸福之相。當然，最好是第一次的結婚即找到幸福，不幸落得離婚的下場時，應留意糾正自己性格上的缺點，期待下一次的婚姻以建立圓滿的家庭。

⑦——袋鼻

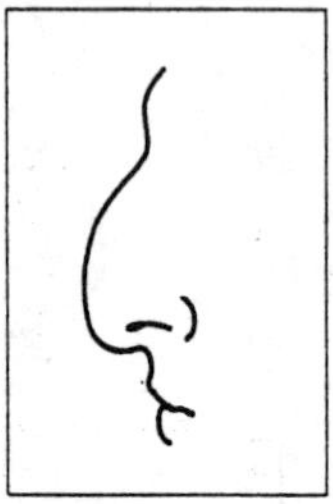

異名猶太亞鼻的袋鼻，是對金錢極爲執著的鼻型。爲了金錢即使捨棄地位、名譽或義理人情，甚至被人在後指指點點也在所不惜，稱得上是懂得賺錢的人。處世有一套，具有令人隱約聞到身上銅臭的特殊才能。

這種鼻型的人和東方人的臉孔顯得極不搭調，不過，筆者個人發覺最近似乎有越來越多這種鼻型的人。

⑧——袋鼻變型

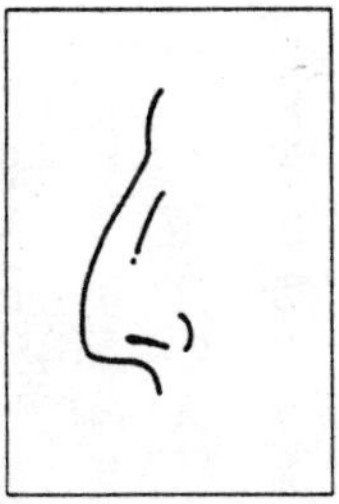

和前述袋鼻不同的是袋鼻的肉厚，而這種鼻整體而言肉薄帶著時髦感。

雖然外型類似而性格和袋鼻卻正好相反。對賺錢一事毫不關心，絕不會和他人有金錢方面的糾紛。

對待別人非常親切而受到衆人的仰慕。絕對無法犧牲他人而從中謀利，因此，可能會有金錢上的困擾，不過，錢財上的困擾必會得到他人的援助。

鼻子各部的正確分析法

接著針對鼻子各個部份來觀看鼻相。

如前所述鼻子的根本部份稱爲山根，山根這個部份是要診斷智力、健康、責任感。

山根高隆的人，頭腦清晰、富有強烈責任感。當然，容易在社會上成功。

相反地，山根較低具有不負責任、怠惰的傾向。山根低的女性多半對性「隨和」，在男人眼中是「最好的獵物」。

鼻子的中央部稱「年上」，這是表示人生當中正值中間期，亦即三十歲後半到四十歲後半左右的運勢。

這部份接近筆直最好，如果有外傷或肌肉隆起，是表示進入中年期會有人生上的大變化。

鼻樑途中彎曲的女性，在適婚年齡期很容易發生重大的糾紛，請特別注意。

鼻子的前端部份稱爲「準頭」。從中可判斷愛情、財運、自尊心。

準頭高而尖的人自尊心異常高、愛慕虛榮，又具有以自我爲中心的性格。相反地，低矮的準頭，小器、性格卑屈。一般認爲具有厚實而渾圓之感最好。

似乎有多數的女性討厭圓型的鼻頭，其實這種鼻型才是招福納運之相。在此建議各位可不要特地去整型。

①——小鼻

小鼻的專門術語是『金甲』，不過，小鼻的稱呼較爲人所熟悉。準頭圓大而小鼻隆起，是大吉之相。

這種鼻型是俗稱的肉丸鼻，外觀上雖不太好然而性格佳、又具有財運、結婚運。而小鼻越寬廣也是吉相。鼻型整齊又有寬廣的小鼻更是吉相。

不過，從正面可以看見鼻孔的鼻子朝上的人缺乏經濟觀，身上的錢多半不會保存到隔天。不過，性格好。

鼻小的人具有神經質，會爲無聊小事傷腦筋。生活力也不旺盛。但是，這種鼻型的女性婚後會被丈夫疼愛，過著幸福的家庭生活。

一般認爲鼻孔圓而大也是吉相。鼻孔小的人生性膽怯、具有神經質，無法聚財。但是，性格嚴謹不會有浪費的支出，這一點可以說是長處。

偶而可見小鼻大小左右極端不同的人，這種類型的人會有大筆的錢財入帳，然而常有衝動購買慾望而無法積蓄錢財。

②——人中

鼻子最下端到上唇間的縱溝部份稱爲「人中」。

抿住上嘴唇往下拉時就可清楚地看見鼻下的人中。人中是人體上的重要部位。空手道或中國拳法認爲這個部位是擊倒對方的要害。

人中在身體上是極爲重要的部位，而在人相上也是表現個人的意志或生命力的重要位置。根據人中的長度所表現的相各不相同，如下圖所示，以下巴長度的二分之一爲基準，決定人中的長短。而人中越長越是吉相。

如圖14所示，有清楚輪廓而接近上唇越寬廣的尾寬的人中，是上上的吉相。

這種人中具有活力又有耐性，可以長生不老。在工作上能展現靈敏的工作能力而出人頭地。家庭運也佳，又有子貴。

圖15是凹陷較淺的人中，這是多情之相。具有風

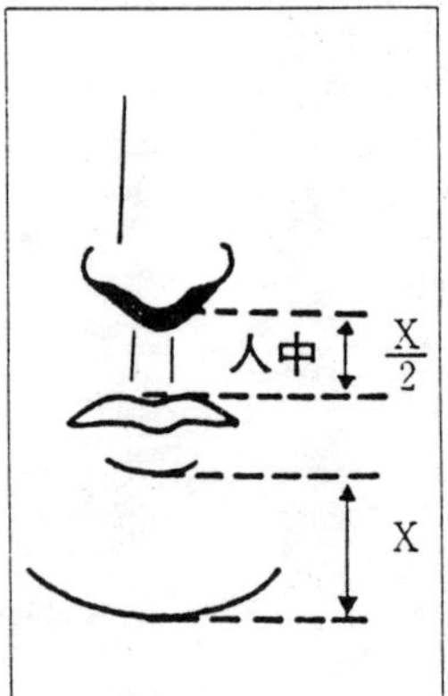

流的癖性，情緒浮游不定。當然，家庭運並不太好。經濟方面具有散財的癖性，常有金錢上的困擾。

圖16凹陷深而窄的人中，是缺乏子貴之相。屬於內向性格又消極。無法到社會上開闢自己的天空，長大成人後也要父母照顧。

圖17是尾寬的人中。具有財運。而且，這種鼻相的女人似乎會生男孩。

圖18是漏斗型的人中。人中越往下越窄小是有生活苦惱之相。也無結婚運、子貴。

圖19是寬幅大的人中，體格上非常健壯的人。如果人中筆直性格也率直。

圖20是長而彎曲的人中。雖然可以長壽卻難得子貴。性格上也欠缺率直、金錢運亦不佳。這是晚年過著寂寞人生之相。

圖 14

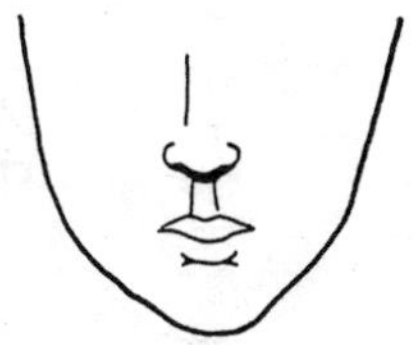

圖 15

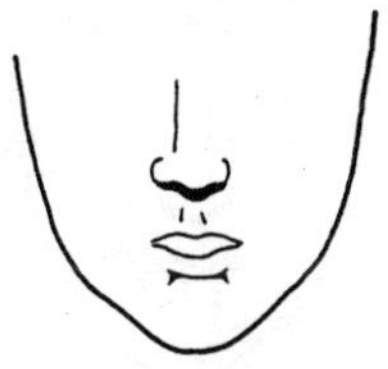

圖 16

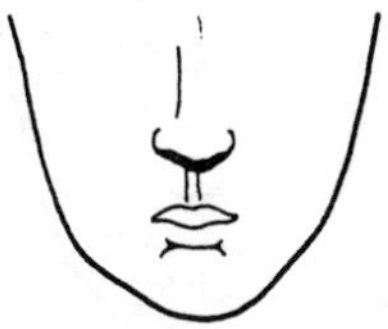

圖 17

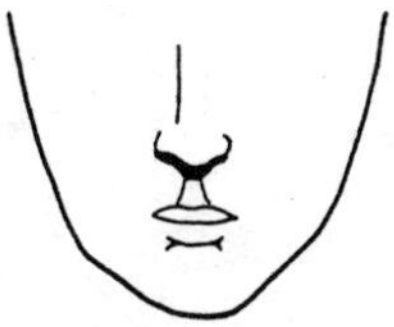

圖18

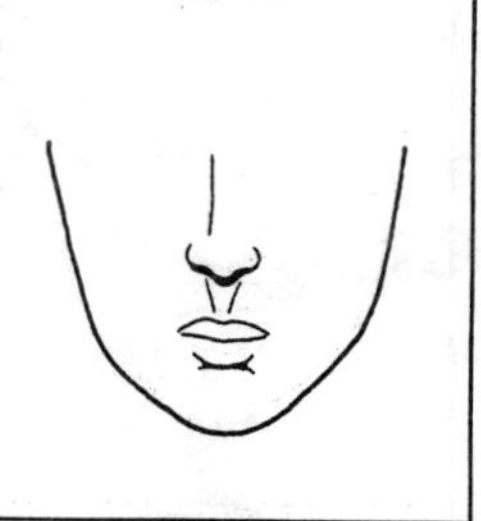

圖19

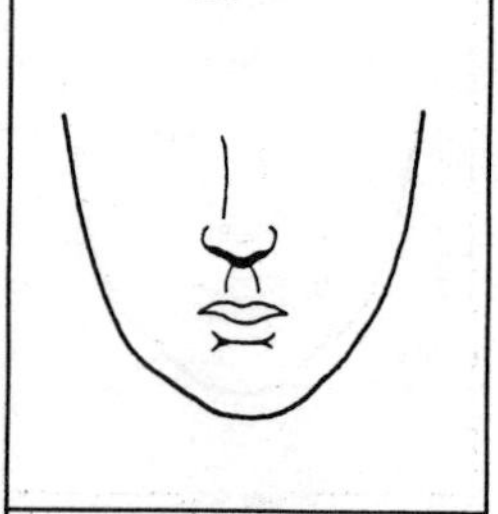

圖20

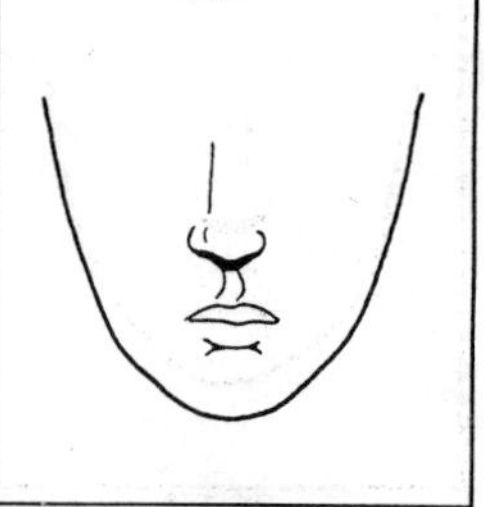

圖21

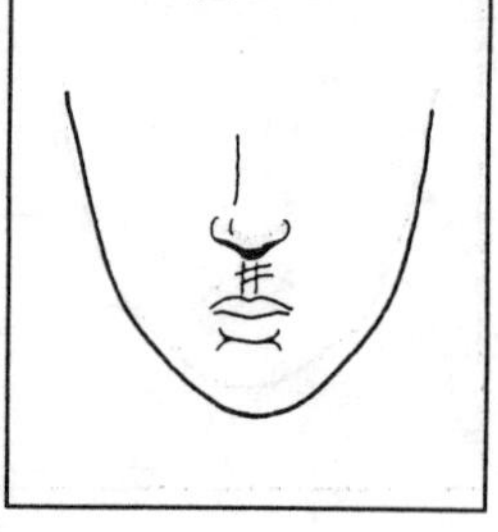

圖21所示的人中上有橫紋。這是典型的淫亂之相。這種人的腦海裡根本沒有所謂的貞操觀念。當然，也缺乏結婚運與兒女運。如果男性是這種鼻相最好用鬍鬚來掩飾。

根據鼻型診斷男性的「體力」

男女雙方決定結婚或離婚的關鍵之一，乃是性方面的問題。

性是否是男女感情間最重要的問題乃因人而異，不過，它是重要的因素已不容置疑。尤其是男性在夜晚的「體力」極爲重要。在此就簡單介紹一眼看穿的方法。

如圖22所示，從兩眼外端（目頭之端）筆直畫下兩條線，然後觀察小鼻的兩端位置如何。

圖23是小鼻的兩端位於兩條線內，這種人體力較差。也因爲如此，具有追求特殊性愛的傾向。

如圖24小鼻兩端如果正好和兩條直線同位置時，是體力恰當的男性。會用理性控制性對性生活極爲熱情。

如果小鼻兩端露出兩條線之外的人，是體力超群會令女性折騰一夜的男人。

也許有些女性對這樣的男人趨之若鶩，但是，這種體力旺盛的男性並無法以單一的女性爲滿足，當然會走上外遇的結果。

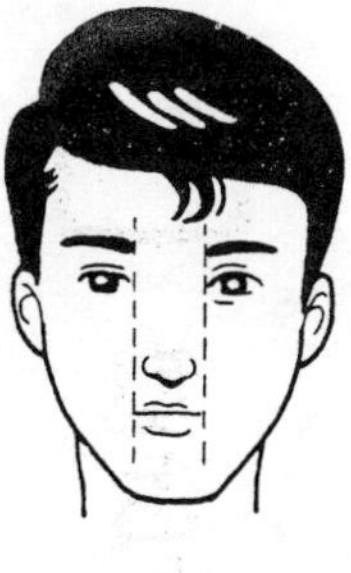

圖22

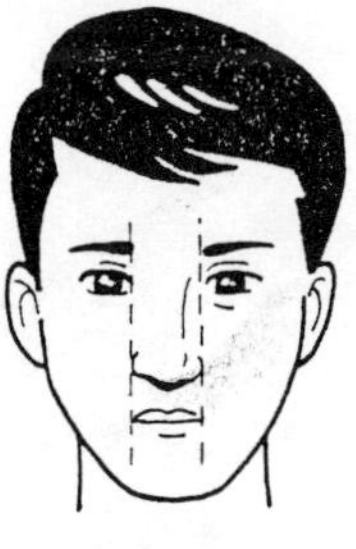

圖23

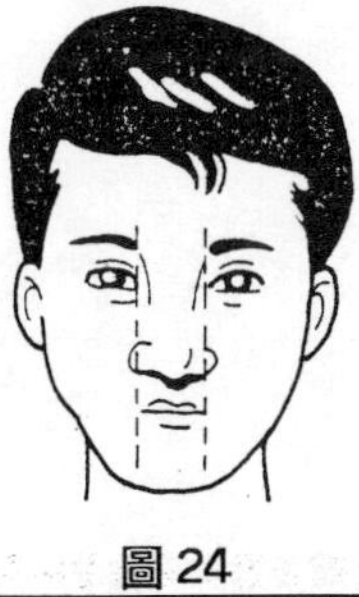

圖24

chapten 5 口型占卜

沒有比口更能傳達訊息

口比其他身體的任何部位更能傳達自己的表情。東方人和他人談話時並不擅長利用手、手臂或身體的肢體動作傳達意思，因而除了觀察語調或聲音大小之外，若要瞭解對方當時的心境可觀察其口型。當覺得對方似乎發怒時，口的兩端會往下垂，而內心鄙視對方時自然地單邊的嘴角會上揚。

從人相學的觀點而言口所傳達的是愛情的程度、生長的環境和現在的家庭環境，若是女性則是女性本身。口是根據形狀、色澤、大小、上下唇的均衡、位置而判斷相。

一般所謂深俱女性美的口型，是因時代或場所之異而無所定論的。以往日本認爲女性的口越小越好，當時「櫻桃小口」的女性最受人歡迎。而外國帶有健康氣息的大口女性反而較得人緣。其實達芬奇的『蒙娜麗莎』的嘴也不小。

笑容顯得可愛的秘密其實是在口上。具有人緣的女明星在有意無意間微笑時會擺出「搔動男人心」的嘴型。

如果能做出生動活潑的表情，並有效地展現令人聯想女性本身的『口』，極有可能將男性操縱於股掌間。

笑容可掬的偶像明星之所以博得人緣，也許原因就在此吧。

口的大小和唇的占卜關係

口的大小是以下圖所示，從黑眼內側筆直畫下的兩條線爲判斷基準。口的兩端與線上重疊或位於線內的口，是一般的大小。而女性的口平均左右長度約四公分，男性約四・六公分。

大口表示具有生活力對任何事物都積極進取。不過，男性的口大是吉相，而大口的女性進入家庭後無法安於室，而性格又大而化之、口齒伶俐，因此，和抱持大男人主義的舊式丈夫處不來。

小口是愛鑽牛角尖欠缺積極性，做任何事都含蓄

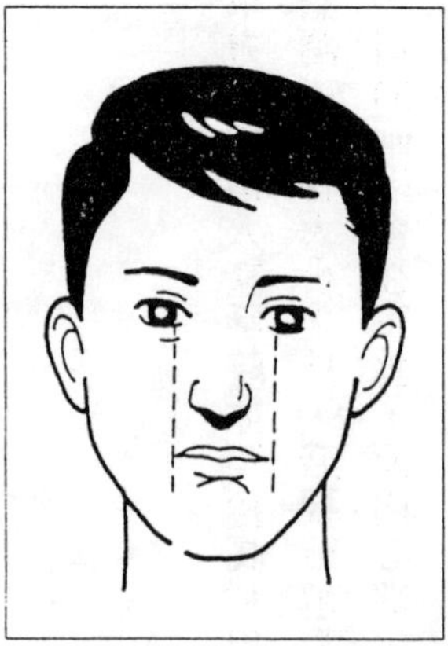

的人。不會拂逆他人的意見，而對異性的誘惑也招架不住。

人相學上認爲上唇是代表個人所付出的愛情，而下唇是表示個人所追求的愛情。據說厚唇是官能主義、熱情家，而薄唇是理性派、冷淡。

上下唇同樣厚度是吉相。

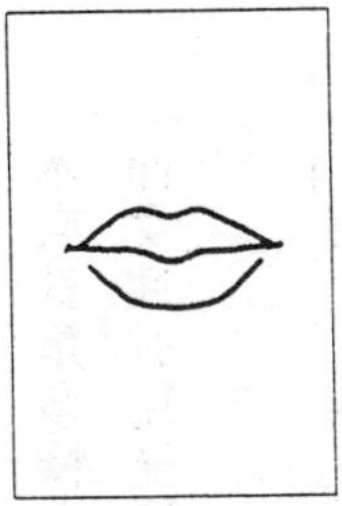

①——上下都是厚唇而大口

精力旺盛的活動派。無法安於家室的類型，喜歡性愛。對工作或遊戲都是全力以赴的類型。

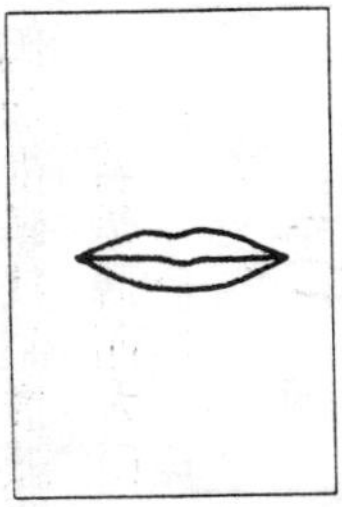

②——上下都是薄唇而小口

認眞而理性卻欠缺行動力。乍看下顯得冷淡，其實是富有強烈正義感的人。

對異性無法坦率地表達愛情，而對同性又難以捨棄警戒心，因而很難找到推誠置腹的知己。

若是薄而大口，工作能力強又有衆多朋友。

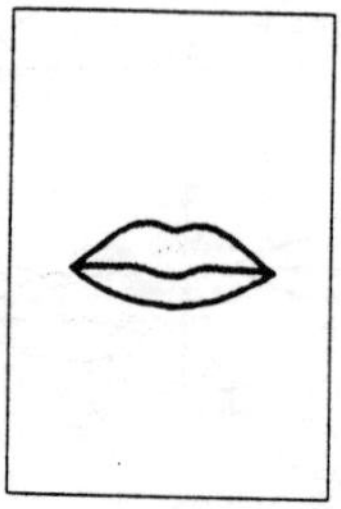

③——上唇厚的口

男性有這種唇形的人可說是十足的花花公子。性格溫柔又懂得掌握女人心。

本來就是多情人，一旦找到心目中的女性則會爲對方犧牲奉獻。而女性有爲愛情而活的一面。碰到好的男人會積極地追求。也是所謂的名器之相。

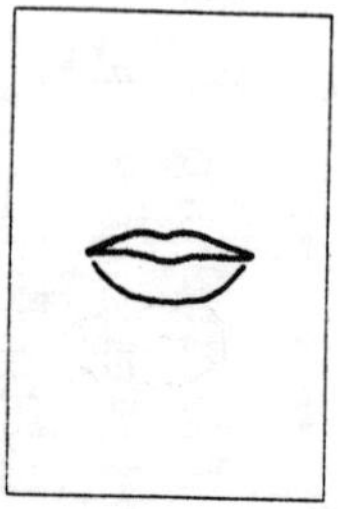

④——上唇薄的口

這種類型對戀愛或性愛幾乎不表關心。

相反地，對於形而上或宗教方面較感興趣，這方面的專家常見這樣的唇形。

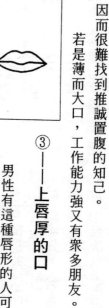

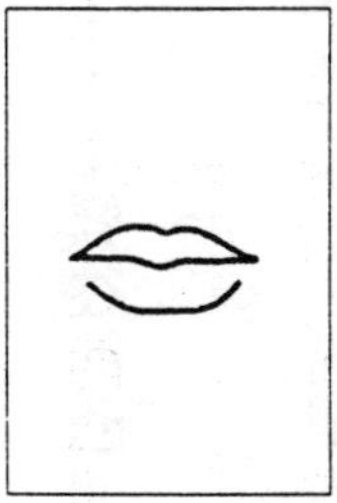

⑤——下唇厚的口

自我主張強的人，鮮少改變自己的觀念。

雖然任性，卻有不畏任何障礙、困難往自己既定的目標勇往直前的耐力與能力。最好從事活用他人的工作，不要受人差使。

另外，廚師常見下唇厚的人。因爲，下唇厚對味覺較爲敏感。

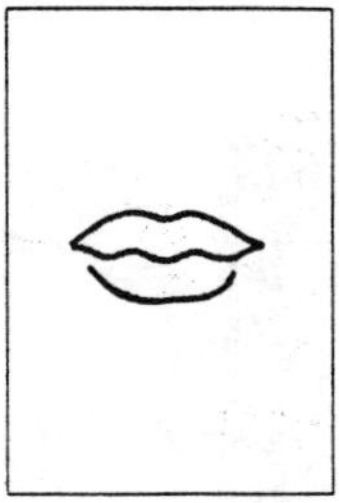

⑥——上唇兩端肉豐的口

如圖所示唇形的人，非常樂善好施。

只要聽說有適婚齡而單身的人立即拿相親照片給其挑選，或者主動地前往探視孤獨老人，並傾聽其談話，多半是重感情的人。

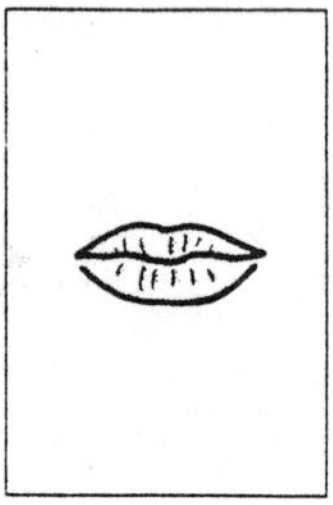

⑦——唇上有許多縱紋的口

唇上有許多縱向細紋的人，心地善良、感情豐富。喜歡與朋友交往，舉行宴會款待他人。而嘴唇滑溜的人，具有以自我爲中心的傾向，絕不浪費金錢。

從側邊觀察

口型光從正面並無法窺得全貌。若從側邊觀察則輪廓俱現，如圖25所示，在側臉的前端畫一條直線更爲清楚。

①——唇往前凸的類型（參照圖26）

具有生活力，對人生抱持積極態度的人。不過，特別醒目的前凸唇在智能上較爲拙劣，不擅長利用溝通解決糾紛。女性會無視對方的解說而逕自滔滔不絕。

②——唇凹陷的類型（參照圖27）

意志薄弱又顧慮對方，往往會臨陣脫逃之相。尤其是下唇凹陷的人會隨波逐流。

所謂「惡妻」的口型

惡妻——使丈夫萬劫不復的妻子有其特殊的人相。不論男女都應仔細觀察之相。因爲，被稱爲惡妻的女性多半也無自覺……。

判斷這種相要比較鼻和口的寬幅。如圖28所示，用直線連接小鼻兩端和緊閉的口的兩端。這兩條線多半會在眉間交會。但是，有時會如圖29所示，在相當低的位置交合，而有的則如圖30所示，兩線

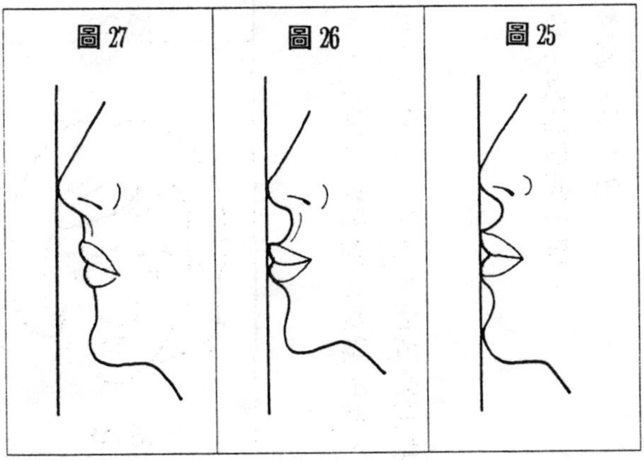

圖25　圖26　圖27

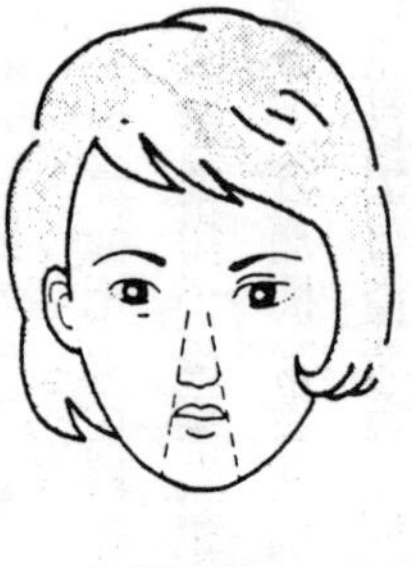
圖 28

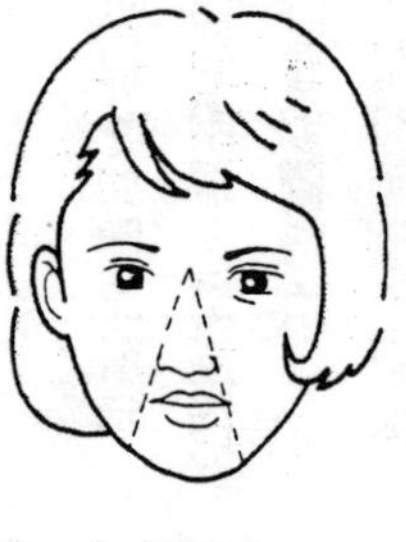
圖 29

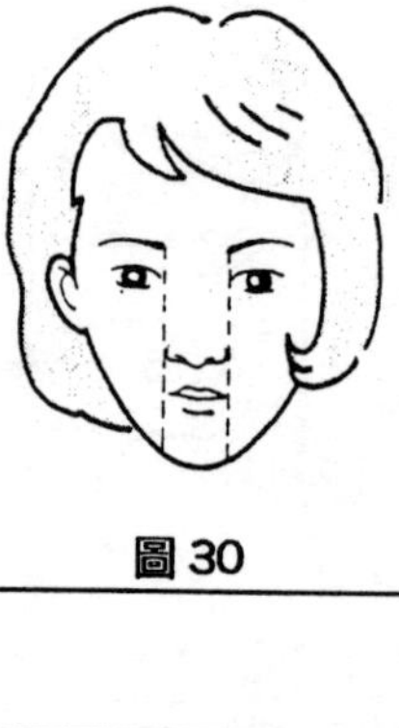
圖 30

不相交呈平行。

以圖29爲例，口太大也是原因之一，這種人生活浮華、熱情又具強烈自我顯示慾，具有追求並不需要的物品的癖性。如果是沒有結婚的在職女性倒好，然而生活所需倚賴丈夫收入的妻子，就變成所謂的惡妻。

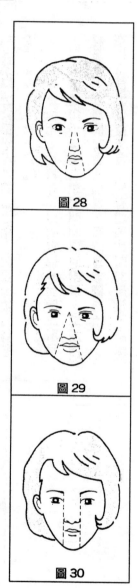

這種相的典型女性是，前甘迺迪夫人的賈桂琳。

圖30的女性似乎是依賴心過強的人。原因是口太小或小鼻的橫幅過寬。

雖然小鼻的橫幅寬是吉相，然而人相上更重視的是整體上的均衡。

而這種人相的女性乍看下顯得可愛又有點稚氣，對戀愛中的男人是最佳的伴侶，但是，成爲妻子之後凡事仍要倚賴丈夫。

剛開始可能是人人欣羨的夫婦，然而一、二年過後丈夫會因妻子的稚氣與負擔無法從家庭獲得舒適，不久將成爲不回家的男人。

窺視女性的性慾望度

男性的「精力」根據小鼻往側邊的寬幅判斷（參照鼻之章），要觀察女性性慾的強弱則從左右兩方眼角往嘴角畫下直線，根據交點的位置做判斷。

①——交點在喉結

這種類型多半是所謂的「嗜性者」。擁有這樣的妻子的男性，果眞幸福亦或不幸？如果這種女性和具有精力又性愛技巧出類拔萃的男性結婚，夫婦

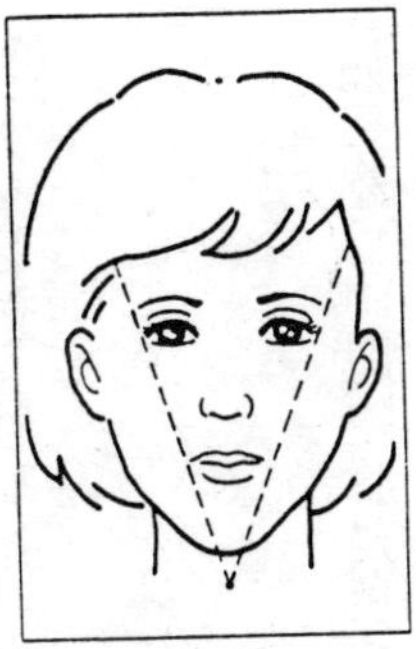

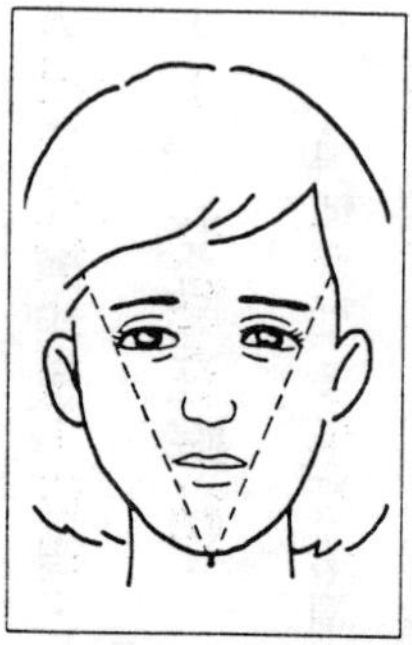

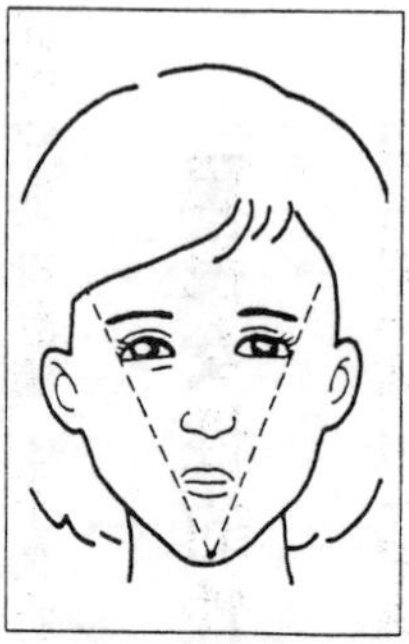

都可能獲得幸福，然而一般的男性和這樣的女性結婚可令人同情。

②——交點在下巴的前端

性慾普通。這種類型的太太如果認爲：難道我是色情狂，其實問題不在妳本身，可能出在丈夫的身上。

③——交點在下巴上

交點在下巴前端以上時，是缺乏性能力的人。對精力差的男性而言是最佳拍檔，不過這種類型的女性多半嚮往觀念上的性愛或走向女同性戀請特別注意。

同時，這種人相的女性多半是幾近吝嗇的節儉家，被控制經濟權的丈夫恐怕連零用錢都有問題。

從牙齒隱約可見運勢或性格

在日本演藝圈活躍的年輕一代的藝人，有許多人是「暴牙」。人相學上認爲暴牙的人十年代到二十年代前半處於上升運，可獲長上的提攜、照顧之相。這種人相的女性據說在年輕的時候會和年紀較大的男性結婚。

舉一個有趣的例子。日本歌手小柳魯美子在十幾歲以一首『我的城下町』踏進歌壇。後來鮮少在電視上露臉的她，動手術矯正了暴牙。手術後不久又開始活躍起來，非但如此，又和年紀小了許多的男友結婚。

難道她知道暴牙的運勢從二十年代後半到三十年代會漸漸衰微嗎？

牙齒中最重要的是『門牙』亦即中間兩顆前齒。倒轉著看其中一顆門牙，如果是和該人的臉孔類似，據說是運勢非常強，而不論男女都深具魅力（參照左圖）。

門牙比其他牙齒大的人做任何事都能處理妥當，屬於靈巧的性格，具有強烈的出世運。

前齒大而凸出的人，多半是天才型之相。靈感極爲豐富，不過，有時缺乏耐性、情緒起伏不定，常令父母傷腦筋。

門牙間有縫隙者據說是易動感情、鉅細靡遺的性格，家庭運較弱之相。

本章冒頭曾經提及笑容可掬的偶像是人緣的焦點，其實從微笑或談話時的口的狀態也能瞭解個人的性格。

談話時扭曲嘴型具有說謊的傾向，似乎多半是難以信賴的人。在沒有令人興奮的情況下，談話時不停地顫抖著，是感情起伏激烈很容易吃醋的人。

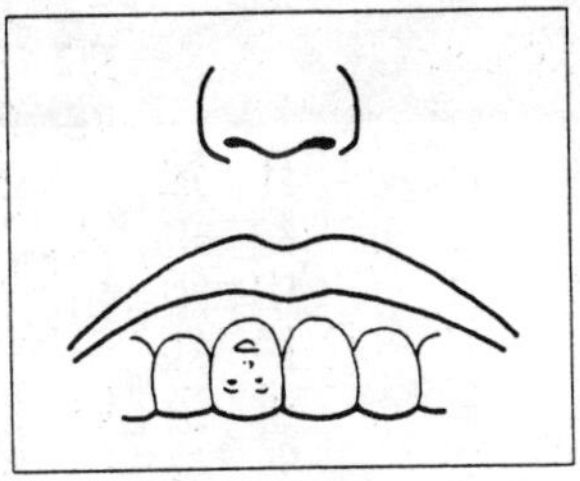

微笑時露出上齒牙齦是對自己有自信的人、樂天派。而露出下齒牙齦的人有點冷淡又具有蔑視他人的癖性。

淺野八郎的人相秘術 3

特別注意這種人相

在此教導各位根據人相學拆穿危險人物的方法。誠如古來的明訓，看一個人的本性要觀察其眼睛。

黑眼小的人

一般人的黑眼會隱藏在上下眼皮的邊緣處，不過，有些人會往上偏或是下側露出白眼，這是所謂的「三白眼」。這種人多半是野心家，會欺騙人而做出大膽的事來。

另外，也有顯見的所謂「四白眼」。那是黑眼的四周全是白眼的人。這種人是三白眼不良的部份更爲強烈的類型。

當然，並非這種眼相的人都是壞人，然而對其言行舉止必須充份地注意。

淺野八郎的人相秘術 3

眼睛經常閃動的人

無法凝視對方的眼睛，黑眼顯得慌張不踏實，視線不穩定的人極有可能是危險人物。

頭髮鬆亂的人

頭髮總是蓬鬆雜亂、鼻子附近帶著污垢，是慾求不滿的表徵。這是色狼常見的類型。多半不修邊幅而長著稚氣的臉孔。

額頭上有不規則的皺紋

生活不規則的人，額頭上的皺紋會和其生活模式一樣顯得不規則而雜亂。而額頭發黑没有光彩是精神上不安定的人。

chapten 6——耳占卜

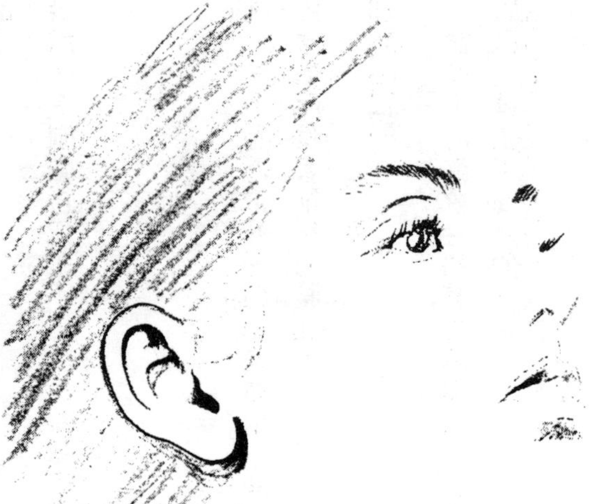

與大耳的人一起用餐

耳根據大小、形狀、色澤及位置而產生不同的相。

首先，我們來觀察耳的大小。

如下圖所示，是以鼻的長度爲基準決定大小。如果長度相同是最恰當的尺寸。

小耳的人具有神經質的性格，生性吝嗇。如果讓這種相的男性宴客，事後可麻煩。因爲，這種人是小人施惠，常會記得給別人的恩情而索取回贈。

雖然不是賺大錢的類型卻會點滴積蓄而有小財。人相學上把耳朵譬喻爲金庫或倉庫，小耳朵的人無法進大錢。那麼，是否耳朵越大越好呢？事實並不盡然，必須兼顧和其他五官的均衡或外型。

耳朵大的人帶有虛榮心，花錢無度，不過，入帳

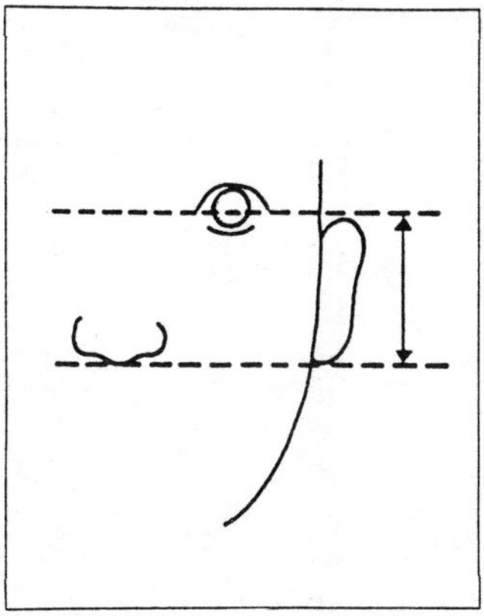

也多。賭博時必定一獲千金或輸得一貧如洗。

分析耳和鼻的位置關係

在鼻的最下方畫一條水平線，根據耳朵位於其上或下、或同一個位置而有不同的相。

①——耳位於線的上方

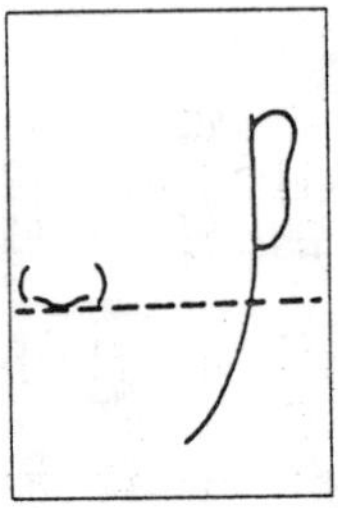

若是男性屬於內向性格、口拙。重視精神生活勝於物質享受。因其內向而神經質的性格令人難以相處，不過，對藝術性的對象極有興趣，如果有共同的興趣則可能成爲親密的朋友。有這種相而耳朵極小的人，醋勁極大。

若是女性具有貴族興趣、浪費。不過，雖然吝嗇絕不收髒錢，沒錢則作罷。和樂天派的男性一定合得來。

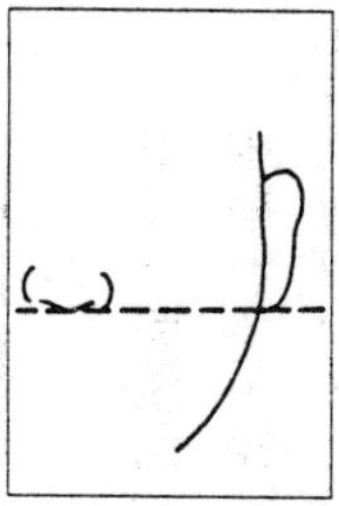

②——耳和鼻同高

男女有這種相都是吉相。花錢的方式不違背常理。也會根據長遠的打算慢慢地存錢。

個性開朗又富有同情心，對於他人的請求或洽談都能推誠置腹地提供意見。在各種方面是可以安心交往的人。

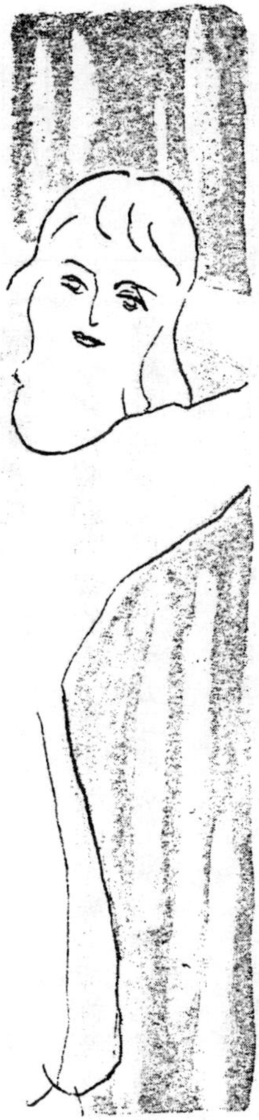

③橫線穿過耳

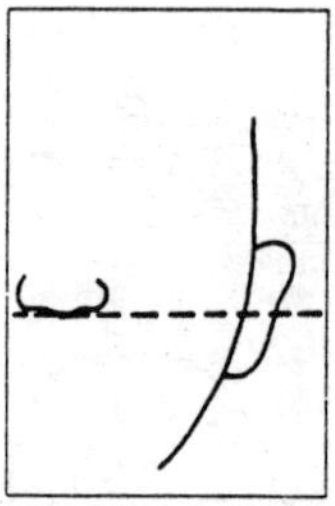

非常照顧晚輩的人，是組織的領導者或幹部之相。實際上根據統計調查，股票上市公司高級幹部的臉孔，這種類型的佔最大的比率。

不爲細微瑣事牽掛，個性坦然有「宰相能撐船」的大量。在職場上乍看下顯得不親切而缺乏體貼心，其實恰如其反是値得倚賴的人。交往時最好單刀直入地坦率明言，遠比迂迴婉轉的談話更具效果。

隱藏凶暴性的耳型

耳如下圖縱向分成三部份。從上依序是『上輪』『中輪』『下輪』，根據這三個部份的發達程度而有不同的相。

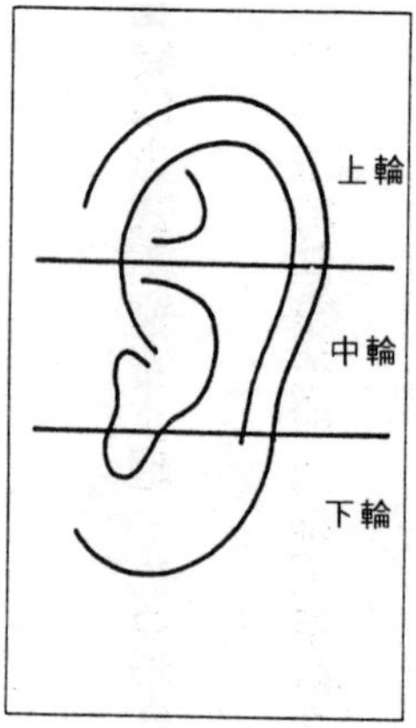

①——上輪較大的耳

知性、富有構想與創造力，從事運用腦力的工作會使財運上升。適合擔任律師、會計師、工程師，又帶有羅曼蒂克的一面，具有藝術品味，做爲藝術家也可成功。逝世的日本諾貝爾文學獎得主川端康成就是這種耳型。

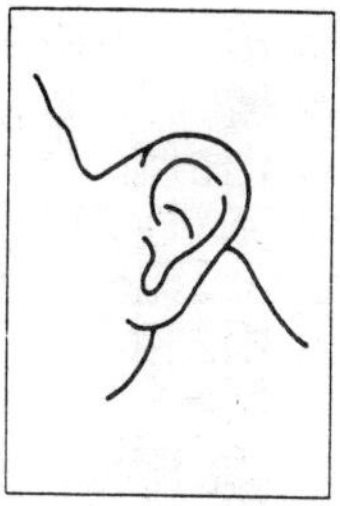

②——中輪較大的耳

這種耳型可分成兩類。

其一如上圖所示，是耳本來位於內側的部份向外凸出的耳型。這種耳型的人不會牽就常識。

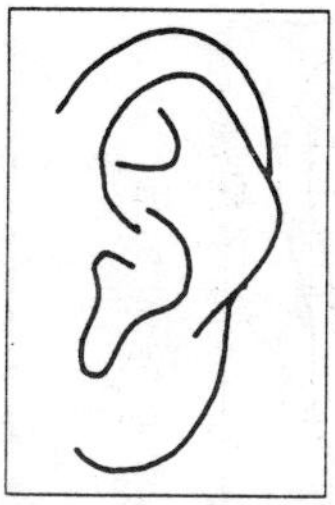

不服輪、具有向嶄新事物挑戰的氣魄。應注意的是一步踏錯可能暴露兇殘、破壞的性格而成爲社會版上由人論說的人物。

另一種型是如次圖所示純屬耳朵中輪發達的類型。這種耳型是一般的常識人。

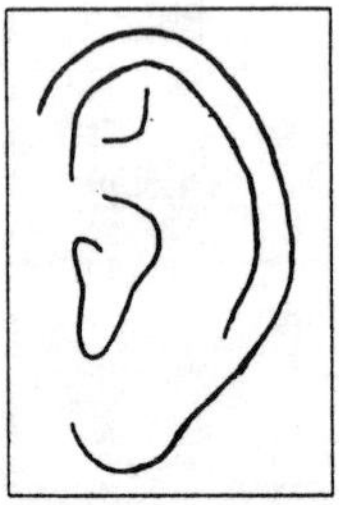

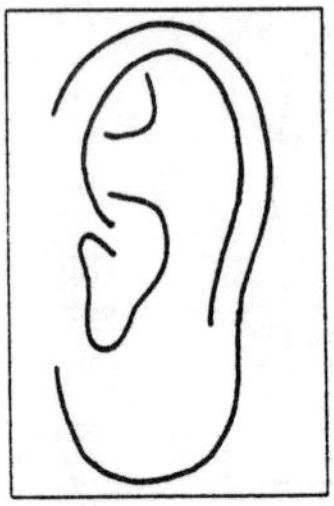

不過，不加思索而接納所謂的常識，生活方式是採事不關己主義，因而不擅長主動積極地做某事。

這種類型人會藉由與人的交際而招致財運。擅長迎合他人，因而適合從事推銷員或營業員、餐飲業等服務業。這種類型的男性多半對女性極爲溫柔。而女性擅長與人交際，行止氣派又花錢無度。

③——下輪較大的耳

這是所謂的「福耳」，不僅大耳垂的肉厚而實，如果往前翹起幾乎可以放顆米粒，毫無疑問地是大吉之相。

女性若有這種耳相，是所謂「攀龍附鳳型」，和大資產家結婚絕非夢想。

個性溫和、耐性強又有包容力。由於天生樂觀、運勢強，也可自己從商做生意。和這種相完全相反之相，亦即耳垂似有若無之耳，是和金錢緣薄的人。

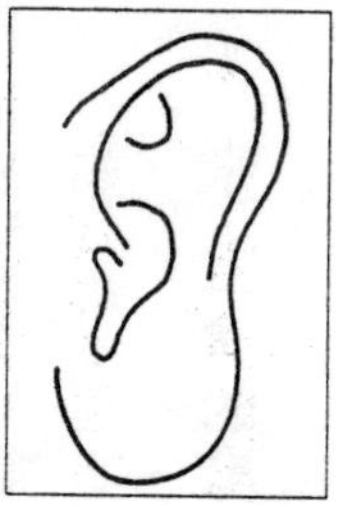

④——上輪和下輪大的耳

智多星又具有統御衆人的能力。可以說具有企業經營的素質。足以成爲大企業的領導者。這種類型者簡言之擅長運用金錢。

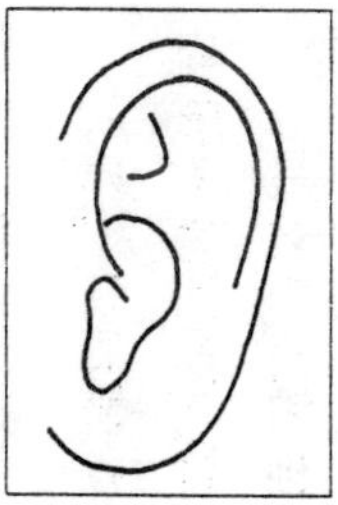

⑤——整體均衡的耳

冷靜、不輕易表露感情的人。耐力特強，具有投機性的才能。若是男性，可能入贅或藉由婚姻聚財並藉此拓展財運。

耳大卻呈尖或角型的耳不佳，耳小帶著渾圓感又厚實的是吉相。據說長耳是能長命百歲之相。

掌握耳相術關鍵的「風門」

耳的外型因人而異，耳的內側以臉孔而言，相當於眼睛、鼻、口的部份也是十人十樣。位於耳穴入口的溝狀稱爲『風門』（參照下圖）。

風門所表示的相男女各不相同，以下分別說明。首先從男性開始。

①——狹窄的風門

神經質又帶有女性化性格。體力較弱、容易疲憊。無法長久持續同一個工作。

具有重視精神面勝於肉體面的傾向，當然，喜歡柏拉圖式的戀情。

婚後仍然追求理想並有遠大的夢想。浪漫主義型，非常喜歡和伴侶前往旅行。

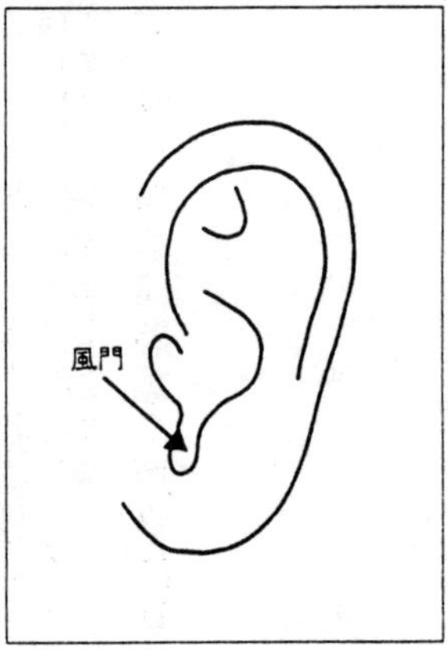

②——寬廣的風門

這是屬於一般的男性。具有行動力又有與勇氣。平常顯得忠厚老實，而在緊要關頭會發揮令人難以置信的鬥志。

有時會有不顧盈虧利益的行動。做爲妻子的人應以寬容的心給予包容。

③——幾乎沒溝痕的風門

外型不像溝痕而呈凹陷狀風門的人非常任性。而且，獨佔慾強又頑固，在職場上很容易發生糾紛，因而過著不安定的生活。但是，從三十歲過後會運用以往波瀾起伏的人生度過往後的人生。

談戀愛也是轟轟烈烈，會經歷二、三次左右的大戀愛。性能力強，曾經與其發生肉體關係的女性必會臣服其下。

④——彎曲的風門

溝痕彎曲而不規則的風門，是情緒起伏極大動輒發怒的人。不過，多半具有藝術品味從事服裝設計師或美容師多半能成功。

在性方面屬於肉體官能型，對性淡泊的女性難以使其獲得滿足。容易受年長的女性吸引，有時會對同性產生愛情。

接著針對女性的風門所表示的含意做一番說明。一般認爲女性的風門是代表子女運及其性器。

①——窄而長的風門

風門細長呈深溝狀的女性，可以生育數名健康的兒童，兒女長大成人後會受到極佳的照顧，過著幸福的人生。

這種耳相的女性，性器官是俗稱的「名器」。

②——淺的風門

女性幾乎沒有深溝或寬而短的風門，據說缺乏子女運。

從耳朵的另一個角度認識對方的方法

在此之前是從側邊分析耳朵，以下就來說明從臉孔正面觀看耳朵時的相。

有些人從正面看過去耳朵被臉孔掩蓋而幾乎看不清楚。這種人相少見，是體力與氣力極旺的人。

社會上有一些賣命工作令人分不清其作息的人，而這些努力不懈的人當中常有這種相。這種相的人具有積極意識、生活力超群又精力充沛。當然，會處理多於他人二、三倍的工作。

更驚人的是領導能力卓越，具有在政界或財界成爲大人物的素質。

相反地，從正面看時耳朵朝前看得一清二楚的人，又如何呢？

這種類型具有敏銳的感覺，想像力豐富，然而多少欠缺現實方面的能力。無法單獨掌握運勢，若沒有他人的協助無法開拓人生。

如果耳小從正面又看得清楚的相，上述的傾向更強。

chapter 7 —— 額頭占卜

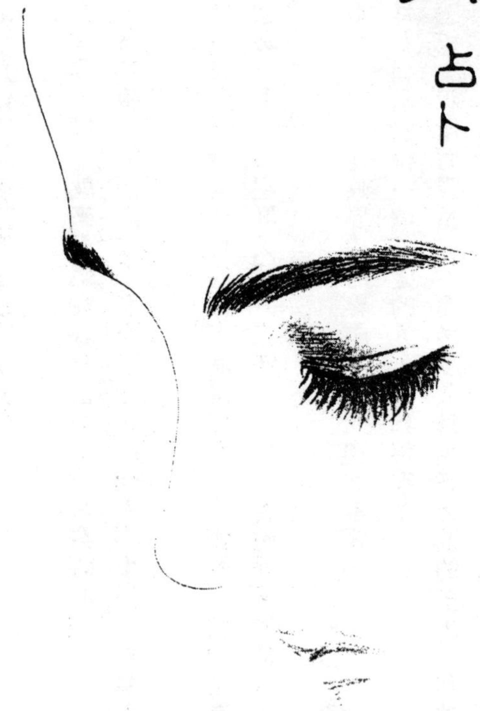

額頭表現三種能力

如下圖所示，從髮際到眉下呈縱向將額頭做三等分。最上的部份表示論理能力。根據這個部份判斷是否具備條理式地思考事物的能力。額頭中這個部份最顯著，是能論理地思考事物的人，而從壞處解釋，則是愛搬弄道理的人。

正中央的部份表示記憶力和感情。這個部份凸出的人記憶力非常好，不過，具有動輒發怒的性質。可以說是感情豐富的人。

最下的部份表示直覺力。這個部位發達具有敏銳的直覺或富有藝術品味。對他人的心態變化極爲敏感，一眼就可看穿對方是否有異心。

以人相學而言最理想的額頭是臉和額的長度呈

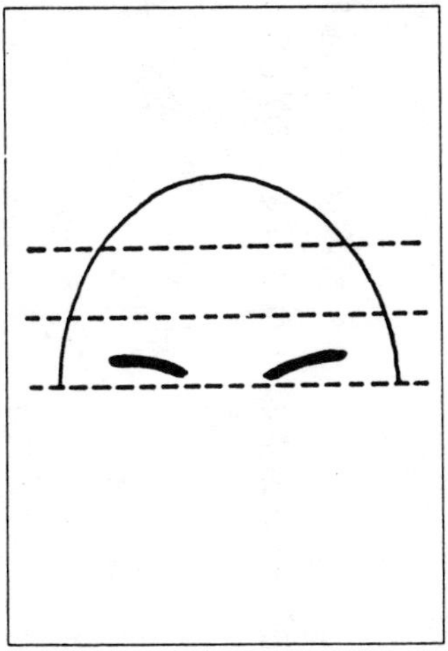

「三比一」的比率。

凸額出人意外的是吉相

人的額頭是寬或窄？橫長或縱長？頭髮的髮際露出額頭或往後退？這些所表現的相各不相同。每個人的額頭各不相同，以下就根據代表的類型做說明。

①——四角型

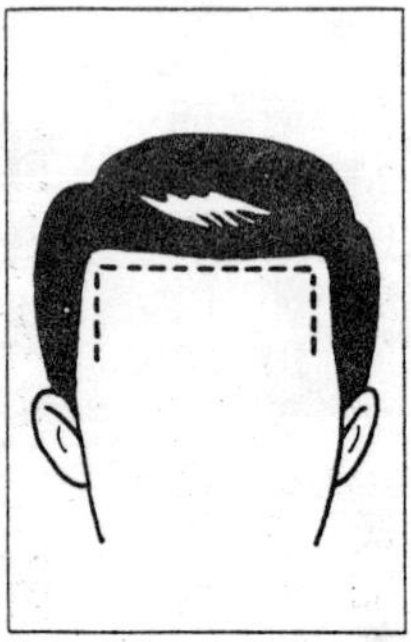

雖然喜歡搬弄道理，然而行動敏捷、頭腦清晰，在旁人眼中頗爲突出。不過，自尊心過高又自信過大。這種類型的男性多半對女性的容貌、服裝或打扮較挑剔。

女性是四角型額頭的人和男性一樣腦筋靈敏，在職場上會令工作不力的男性刮目相看。主張男女平等的女性也多是這種額型，『女性比男性優秀』的作者池上千壽子的額頭就是典型的四角額。

在夫運方面很可惜的並不好，可能抱獨身或婚姻不幸福。

②——圓型

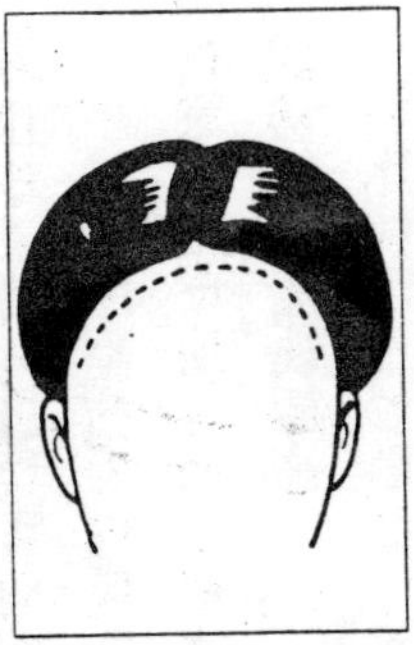

男性這種額型多半是優柔寡斷處事曖昧不明的人，個性保守，不喜歡與他人競爭。感情豐富而單純，具有一點少爺的嬌氣，受年長女性的吸引，這是最近特別常見的類型。交友方面也是女多於男。

女性常見圓型額的人。富家庭觀、誠摯、帶人溫和、性格和善，應該是上好的吉相，不過，醋勁極大。佔有慾也強，做丈夫的人可千萬不要拈花惹草。

婚後進入家庭具有節儉的經濟觀，擅長金錢調度，不知不覺中會積蓄錢財。這種人幾乎是主婦的模範，然而可悲的是，缺乏丈夫運。

人相學上稱這種相爲『後家相』，女性在婚後可能離婚或丈夫病弱。

③——M字型

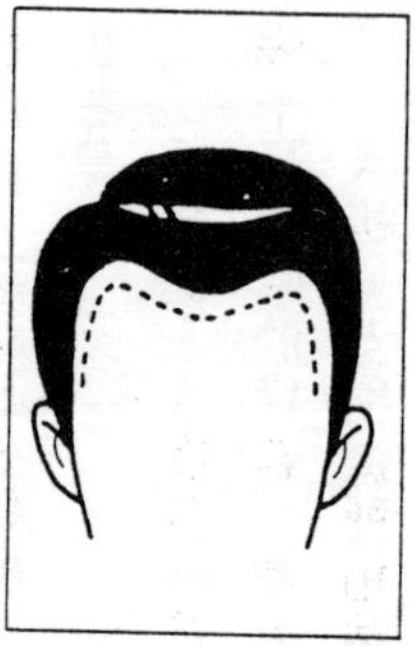

女性幾乎看不到這種額型，而男性較多。這種男性對女性親切而熱情。

一旦喜歡上某人會以大膽的行動追求，然而這種人易冷易熱，女性必須小心謹慎地與這種類型的男性交往。

這種人是追求理想爲信念而活的理想主義者，雖然具有浪漫情懷然而面對現實問題時會大傷腦筋。

不知道所謂的妥協或強調，觀念想法脫離現實，因而不適合擔任上班族或接觸客人的行業。相反地，如果朝運用敏銳的感覺、洞察力的作家、演出家、設計師等職業努力，成功的可能性極高。

日本明星三船敏郎、森繁久彌就是這種類型。

④——後退型

幾乎男性才看得見這種額型。性格頑固、執迷。帶有一點野蠻，若從好處解釋是男性化、大膽的性格。

這種人的字典裡沒有所謂的情調或典雅。

雖然並非完全不懂氣氛、情調，然而對於粉飾自己說奉承話感到羞恥而難以啓口。對待女性醋勁大，而在令人意外的地方極爲挑剔。

無法以違心之論奉承對方，因而不能從事必須營業的職業，不過，手腳靈敏也許可以藉由手的才能在社會上立足。

⑤——富士山型

這是一般所謂的『富士額』的額頭。從前被認爲是美人的額頭，而『仕女畫』中女性的額頭都是這種類型。

這種額型的女性相學上的特徵是樸直、順從，從另一個角度來看，則是缺乏個性與主體性。對丈夫的話絕對服從沒有個人的主張，這種女人彷彿婚後是爲丈夫而活，在男尊女卑的時代這種女性是男人眼中最理想的對象，也許這就是美人畫上描繪這種額型的原因。

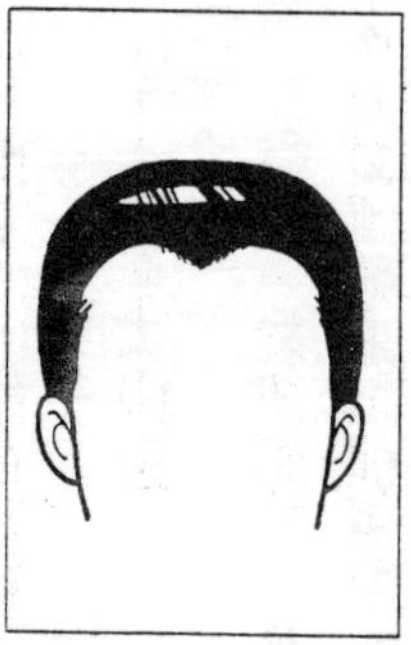

現代女性已有主體性，漸漸地會表達自己的意見與想法。因此，以往最常見的富士額已顯著地減少。

婚後爲丈夫盡心盡力又充滿愛情，只要丈夫認眞地工作必能建立圓滿的家庭。

處世消極易受人指使的這種類型，無法到社會上立足，如果丈夫因病臥倒或去世將不知如何過生活。

從前也許是理想的類型，而現在至少已經不是男人心目中的佳偶了。

富士山額的人中有如左圖所示髮際不整的人，這種額相男性運不好，據說會被欺騙、玩弄而被捨棄，或者只是能傳宗接代的人。

總而言之，是不太好的相。如果有這種額相的女性，建議您剃掉髮際使其齊整。

男性有富士山型額頭的人，多半是在女系家庭或姊妹衆多的環境下成長，性格帶著女性化、意志薄弱，又有戀母的傾向。

對年長的女性感興趣而對方也在母性本能的誘導下奉獻母愛的關照，結果變成無法分離的男女關係。

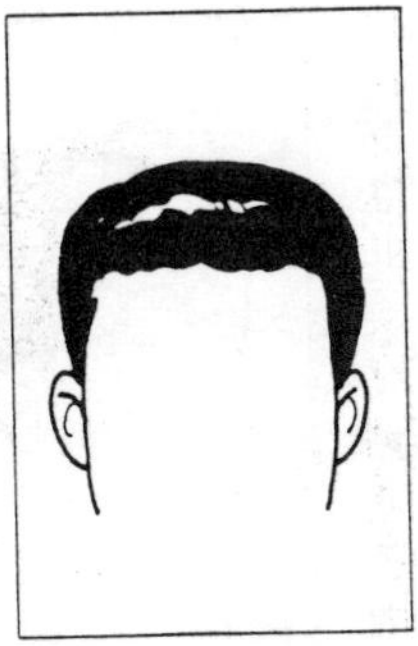

髮際呈鋸齒狀的情況，上述的個性尤爲強烈又帶有執迷的缺點。成天玩樂讓女性出外工作賺錢供給花費的「小白臉」，常見這種額相。

這種類型的男性所適合的職業乃是以女性爲對象的工作。以化妝品、內衣、衣料品爲推銷對象的推銷員最適合不過。如果具有文才也許能當專門寫女性讀物的小說家。

⑥——左右不對稱型

男人的額頭如果左右髮際高低不齊，是很容易說謊又缺乏誠意的人。具有在人前人後表現完全不同性格的兩面性。

女性關係極爲氾濫，即使已有妻室也在外拈花惹草。

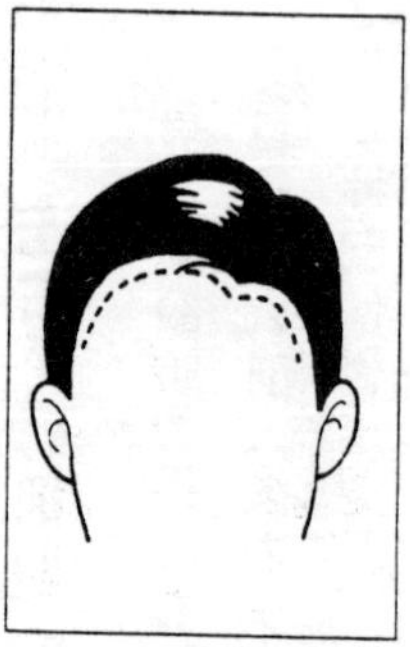

女性也一樣是屬於惡女的典型性格，能從男人身上榨取則索求無度，當喜歡上另一個男人則輕易地捨棄。不過，當事者並無意欺瞞對方，只是結果變成如此而已。以男人的立場而言也是同樣的道理。

這種額型常見素行不良的人，然而也有其優點。據說男女都具有天才的藝術才能。

⑦——凸額型

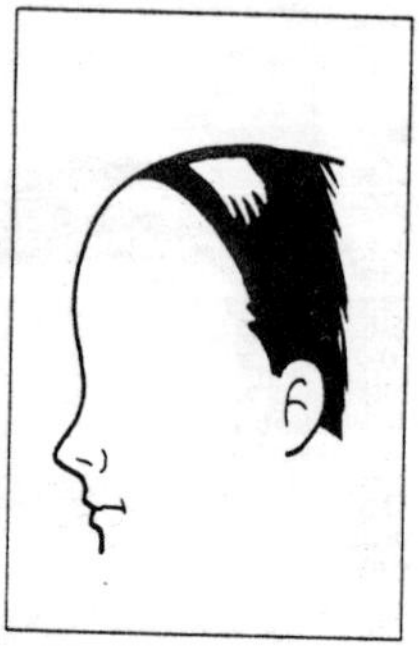

從側面看時額頭高隆的，俗稱「凸額」。

女性似乎不太喜歡這種額型，然而從人相學的觀點而言是非常好的相。

這是表示生長環境的優越或籠罩在父母溫暖的愛情中。

女性的凸額是感覺敏銳、才氣洋溢的表示，婚後持續工作反而能使家庭圓滿之相。不過，具有任性、好勝的性格，這一點請注意。

據說凸額是剋夫之相。妻子會破壞丈夫的運勢而逕自在社會上出頭。

如果丈夫徹底地擔當輔佐角色必會成功，夫妻的感情也圓滿。最好的例子是日本明星森英惠夫婦。

凸額的女性具有準確地察知當場的氣氛並隨機應變的智慧。多半屬於開朗的性格，從事以顧客爲對象的生意必能成功。

額頭的基本觀察法

以上針對七種常見的額型之相做了說明，接著針對基本的觀察法簡單地論述。藉此可以判斷任何額型。

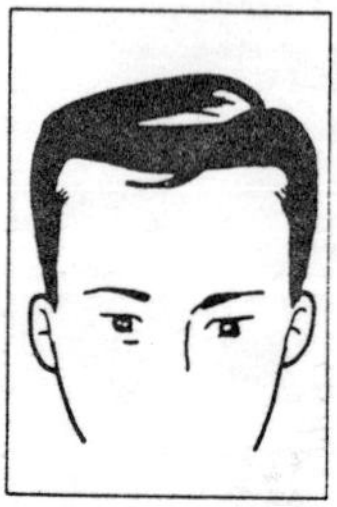

①——縱寬橫長的額頭

富有知性而熱情的性格。多半具有大發明、大發現的才能，被讚譽爲天才的圍棋高手吳清源的額頭就是寬而長。

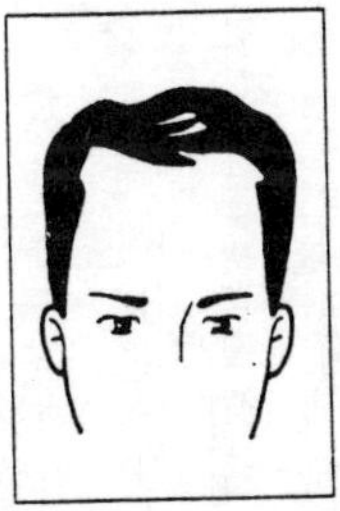

②——**橫寬縱窄的額頭**

缺點是自以爲是，然而頭腦聰明。樹敵多，卻也有眞心相待的知己。多半從事學者、律師或檢察官的職業。

③——**面積非常小的額頭**

若是女性多半是生長環境有問題或和父母緣薄。但是，和男性間的運好，從十幾歲開始就有成熟男人的追求。

④——**橫幅窄而縱長的額頭**

這種類型的男性幾乎對女性不表關心，常表現冷淡的行動。

雖然心地溫和，卻不表現在行動上。帶有喜愛孤獨的哲學家的氣質。

從額頭瞭解女性的一生

人的境遇千變萬化，有些人自幼生長在富裕的家庭，無物質匱乏之虞又有精神上的享受，最後又和極爲體面的男性結婚，但是，這麼幸福的女子有一天丈夫突然撒手人寰，只留下一筆債務使得後半段的人生蒙上烏影，陷入不幸的深淵。

相反地，有些女性出生不好，度過一段悲慘的少女時代後，長大成人爲第一個相戀的男人盡心盡力卻又被捨棄，人生的歷鍊只是一段悲慘的連串，然而結婚後情勢一轉，不但有財運又有子貴，突然脫胎換骨地成爲掌握幸福的人。

這是個人的人生，並無法把責任推卸給所謂的運勢。掌握幸福必須有相當的努力，不努力會錯失難得的幸福。

但是，再怎麼努力不懈奮鬥到底也無法保證必可獲得幸福。那麼，幸福到底何時降臨呢？

在此教導各位分析女性命運轉變的觀相術。這個方法是把眉的中間到髮際當作a、鼻的前端到下顎前端當作b，根據a和b的長短關係來分析（參照下圖）。

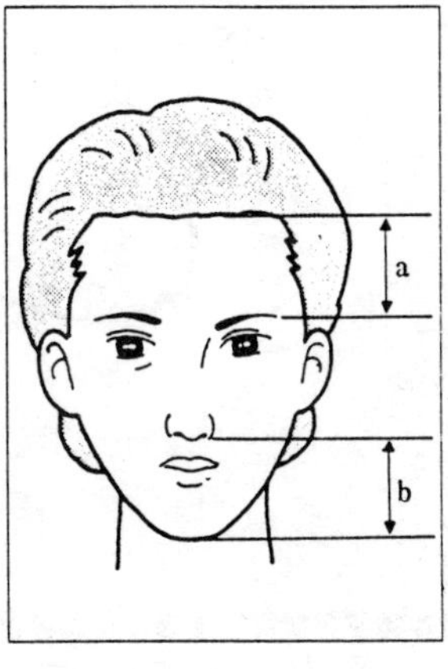

①——a和b幾乎等長

你一生的運勢都好。可能過著波瀾較少的人生。

②——a較長

40歲以前運勢強，40歲過後運勢會變弱。必須準備應付將來的劣運。

③——b較長

40歲以前有許多心酸、悲哀的經歷，而40歲過後運勢敞開，人生變得開朗光明。在人生的後半會有貴人相助，這時絕對不要錯失良機。

年輕時雖然受苦受難，但不可因此而焦躁或變得自暴自棄。不停地努力等候機會的來臨。

chapter 8 —— 下顎占卜

下顎可看出你的晚年運

各位認爲「顎」是指臉孔上的那個部份呢？

根據字典上的說明是「口的上下部份是上顎和下顎」，顎在人相學上是觀測晚年運的部份。

附帶一提的是，如圖所示人相學上認爲臉孔中有三個部份表示婚後的運勢。以下面的方法將臉孔分成三個部份。

在①髮際、②眉和鼻的中間、③鼻的前端各畫一條水平線。

接著，從眼睛的瞳孔中心（相對於剛才所畫的水平線）畫兩條垂直線。

這六條直線所形成的三個四角形部份A、B

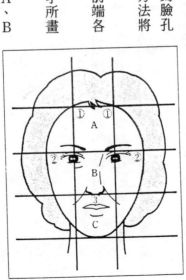

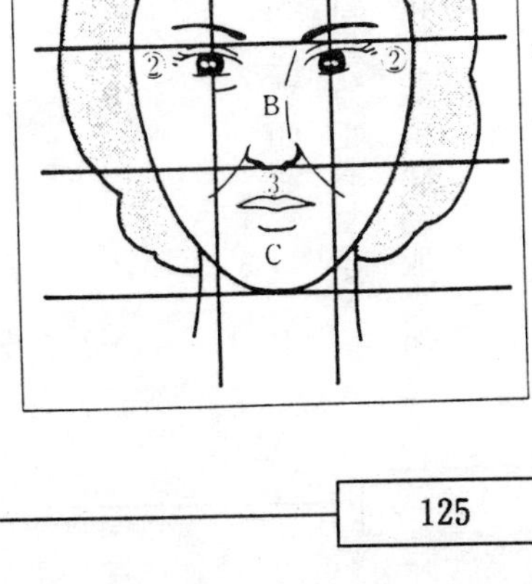

、C是表示個人某時期的運勢。

A是婚後到三十三歲間。

B是三十四歲到四十五歲間。

C是四十六歲以後的運勢。

有關各部份的運勢請參照各相關的章節，自己判斷在該時期的運勢如何。

如果在A的額頭部份有傷口或污漬，是表示婚後到三十三歲間運勢並不太好。

閒話少說進入正題。如前所述顎除了表示個人的晚年運外，也可觀察住處或土地等不動產。

同時，也能瞭解性格上意志的強弱。一般認爲略帶豐滿感比瘦削的下顎在人相上屬於吉相。

①——方方整整的四角型

顴骨凸出、下顎呈角的臉型。意志強具有實行力。勤勉、富正義感又有指導能力。而缺點是待人冷淡。

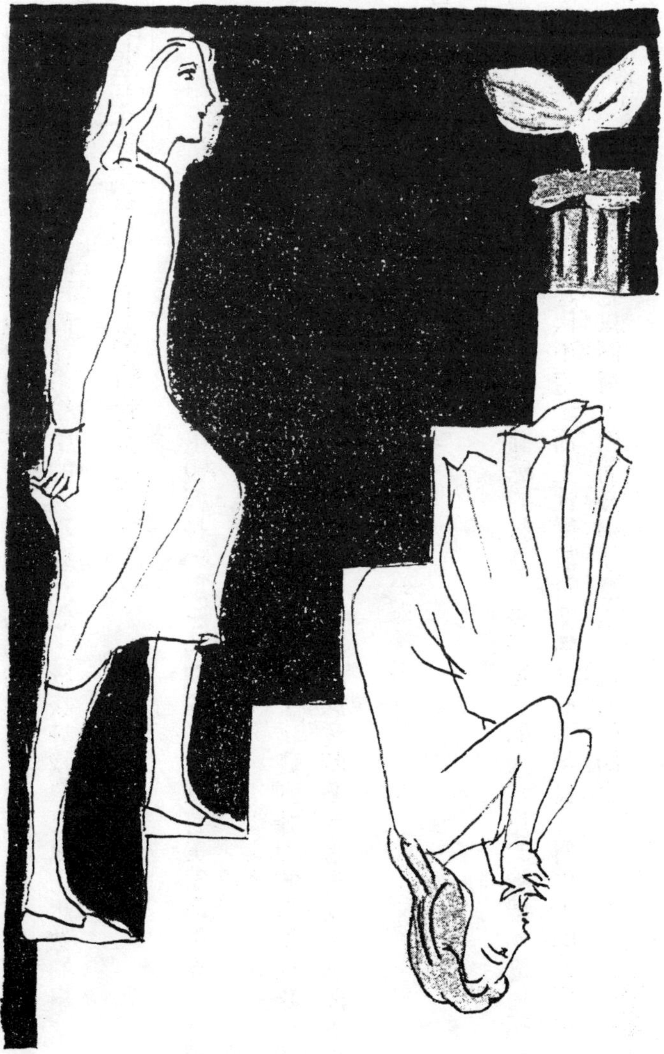

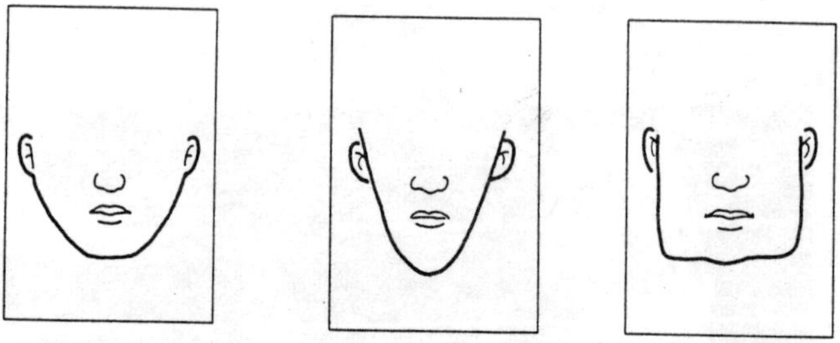

這種類型者只要遇見識得名馬的伯樂，必能發揮眞正的才華，因此，尚在求學中的人不要焦急，應該尋找自己眞正想做的事。

②——瘦削的尖型

臉頰瘦削、下顎細長，呈三角型的人。富有美感與創見，然而卻非專注投入、步步爲營的類型。

有所不滿時多半會發洩在他人身上，碰到強烈的打擊較難以回復。雖然缺乏協調性，然而男性在談戀愛時多半會對女性展開熱烈的追求。

③——圓型

肌肉厚實而圓感的臉型。長相稚氣的人常見的臉型。這種類型情緒起伏不定，而生性屬於社交派。心地善良，對他人的不幸或麻煩會抱以同情，因而必須注意落入他人的圈套。

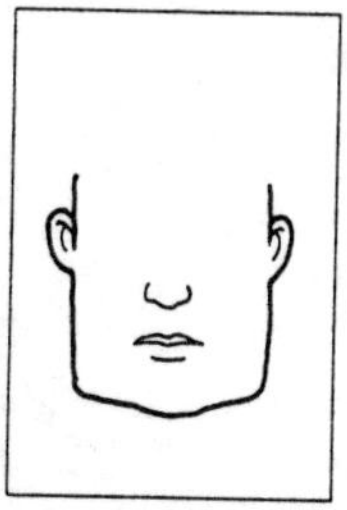

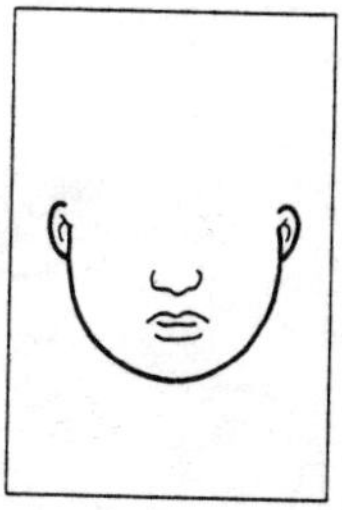

④——長方型

寬幅雖窄而下顎長的人，多半也是鼻高者。研究心強，對工作全力以赴，令太太們慾求不滿的男性常見這種臉型。

⑤——廣圓型

下巴寬廣、肌肉厚實而有彈性的是吉相。

不論工作或戀愛都非常積極，又具有體貼他人之心和豐富的愛情。

這種性格的人受到異性的仰慕，而婚後也是人人讚許的賢妻良母。女性在婚後受丈夫疼愛，能建立幸福的家庭。

從側邊觀察才能浮現眞正的相

下顎和鼻一樣只從正面觀察並不完全，必須參照側邊所看到的形狀做整體的判斷。

以下根據常見的類型做說明。

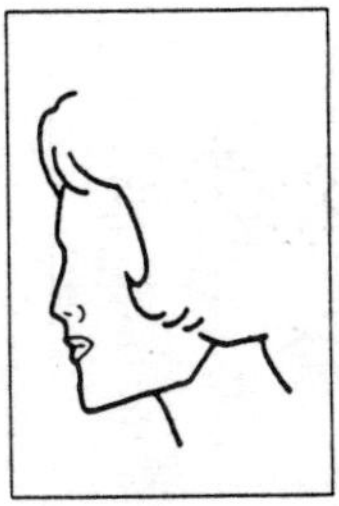

①——角型

積極行動的類型，不會爲一點挫折而氣餒、耐性極強的人。

富有卓越的指導能力，多半是在公司或部署、團體中擔任領導人物。

日本前首相田中角榮姑且不論其人品如何，他的確能發揮卓越的領導能力，而他的臉型就是角型。

②——細型

這種下顎是所謂「幹才」常見的類型。

雖然不致於「因噎廢食」，然而一旦失敗碰到挫折即放棄而失去再次挑戰的勇氣。

這種人所應具備的是良好的協助者和堅強的意志。

③——普通型

一般常見的下顎型。雖然沒有卓越的能力和靈敏的直覺，卻具有藉由努力拓展才能的素質。隨著年齡的增長在社會上更爲活躍的人。

④——漏斗型

長下巴又呈漏斗狀的人，多半和特殊的外表不同，是屬於内

向而心地善良的人。爲他人盡心盡力而無法積蓄錢財。

⑤——後退型

不太好的下顎相。喜怒哀樂的感情起伏激烈、無法容許他人過失的心中狹窄的人，常見這種下顎。欠缺忍耐力又因自己的態度而失去他人信賴，似乎難以渴望出人頭地。而優點是在藝術分野上發揮才能。

⑥——雙重下巴

雙重下巴常被認爲是肥胖的人，其實瘦的人也可見這種下巴。當然，太胖而使肌肉重疊形成雙重下巴（或三重下巴！）的人也時有所見。

這種下巴是女性所討厭的形狀，然而在人相學上是非常好的相。

這種人被認爲是具有寬廣的心胸和豐富的愛情，由於待人和善而博得人望。如果仔細觀察周遭的人應有同感吧。高級料理店的女老闆娘多半是這種類型，也許是因爲她們具有社交性又待人和善，外表給人安全感的緣故。

晚年運也佳，可以過著幸福的一生。

⑦——小下巴

下巴的前端越圓運勢越圓滿。如圖所示，下巴的前端小而尖稱爲『小下巴』，這種下巴是女性尤應留意的相。因爲，有這種相的妳也許是生性淫亂的人。

這種下巴的女性多半是嗜性者，做爲丈夫者無法應付其需要而早死。因而，被認爲是「後家相」。

大腮幫的人是什麼樣的性格

從前有句俗話說：「不要娶大腮幫的女人爲妻。」也許是因腮幫極端外張的人有自我爲中心的傾向，而個性頑固吧。

腮幫太凸的人不會向他人表白內心事，令他人捉摸不定。而且，會有突然叛逆的舉止。

如果腮幫到下巴間的肌肉瘦削，臉骨凸出的情況，自我極強而不擅長有條理地思考事物，爲了自己的利益會不顧他人不幸的性格。

如果腮幫適度外張、肌肉厚實又帶圓感，乃是吉相。具有適度的生活意願及信念，在人際往來上受益良多。女性有充實的性生活，夫婦圓滿又有健康的孩子。

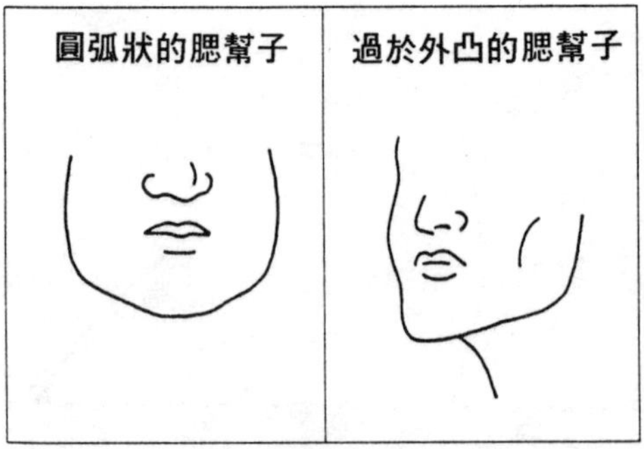

※　※　※

本章的最後以消遣的心情來談談如何觀看奇異的人相……。

下圖所示，口到下巴之間異常地長、下巴的前端和眉的兩端用直線連接成三角形時，有些人的眼、口、鼻正巧在這三角形內，這種人似乎多半對性有特殊的興趣。

何謂特殊的興趣？諸如性虐待狂、性被虐待狂，尤其是同性戀。

當然，在其他章節也一再地提醒各位，有這種相的人並不一定就是這種類型。而且，在此並非指責這種興趣的是非，只是有異於一般人而已。

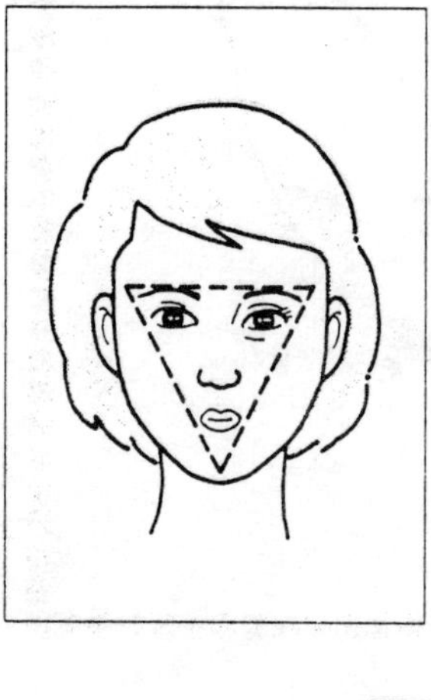

chapten 9——臉頰占卜

令人掛意的結婚運隱藏在臉頰上

臉頰上的骨稱爲『顴骨』。異名是世間宮、權威宮，誠如其名這乃是觀察自己和社會之間的關連。

女性則表示結婚運。

臉頰瘦削或屬於筋骨質的人，一般顴骨會凸出，而臉頰肌肉厚實顴骨又顯著地凸出，則是臉相中顴骨特別外凸的相。這種相就深具涵意。

據說女性的顴骨高而凸出的人是「不讓鬚眉、後家的結局」何以如此斷言呢？這其中的確有其理由。

女性的臉孔是屬於帶有溫柔感，亦即女性化的臉，雙眼清澈美麗，整體豐滿的圓臉。相反地，方整有角的下巴而顴骨凸出，顯得剛硬的臉孔乃是男性的臉。

面對外表顯得強壯的女性，自然會令人覺得：「和這種女性結婚一定早死。」

因此，才有所謂「後家相」之定論。

事實上顴骨外凸的女性多半是好強的人。

當然，在人相學上認爲有這種臉相的女性個性強。

從前認爲男尊女卑的夫婦關係較好，因而帶著陽剛氣臉孔的女性被認爲是後家相，也是「八九不離十」吧，然而在現在的社會中，古來的人相判斷的解釋似乎也有更改的必要。

以顴骨爲例，在化妝技巧、化妝品發達的現在，即使是腮幫子或顴骨都可以掩飾得恰到好處。

而且，「女性的幸福乃是爲男性盡心盡力」已不再是人人信奉的金科玉律，相反地，最近的年輕男性中有不少人深受女強人型女性的吸引。

目前也許是人相學必須重新反芻其占卜解釋的時代吧！

顴骨的觀察法

男性的臉上看不見顴骨的人缺乏積極性，又沒有自我的主張。沒有魄力及在社會上與人鬥爭的意慾的人，自然和出世或財運的緣薄。

而顴骨往前凸是好強又有鬥志。爲了達成目的不畏世間的波瀾，勇敢迎擊重重困難、向前突飛猛進的類型。如果色澤佳又無外傷，則能實現夢想贏取社會上的權威。

顴骨往側邊凸，則是耐力強，即使翻天覆地也不爲所動的類型。

顴骨外張而肌肉厚實又帶著圓感，是積極性又鬥志高昂的人，然而卻非爲了達成目標招致人怨的類型。

性格圓滑、溫和，獲得他人的信賴而自然的達成目標。

顴骨外張又有稜有角時，是屬於爲了達成自己的慾望而燃起鬥志，使出全力硬往前衝的性格。

即使沒有表現在工作或社會上，個人的行止卻有這種傾向。譬如，出外購物時會無視同伴的嗜好強迫地灌輸自己的價值判斷或嗜好。

您的周遭應該也有一、二個這樣的人吧？如果有，不妨確認一下該人的顴骨。的確呈外凸狀吧？

微笑時顴骨和小鼻間會有隆起的部份。人相學上稱這個部份爲『基堂』，這乃是觀測世間對自己的評價或人緣、財運。

基堂的肌肉厚實而美觀的人擁有財運，世間的評價也高。

微笑時基堂沒有隆起或基堂瘦削的人，據說金錢調度不佳或有遭受挑釁或中傷之相。不要從事建立在人緣或信賴關係上的工作較妥。

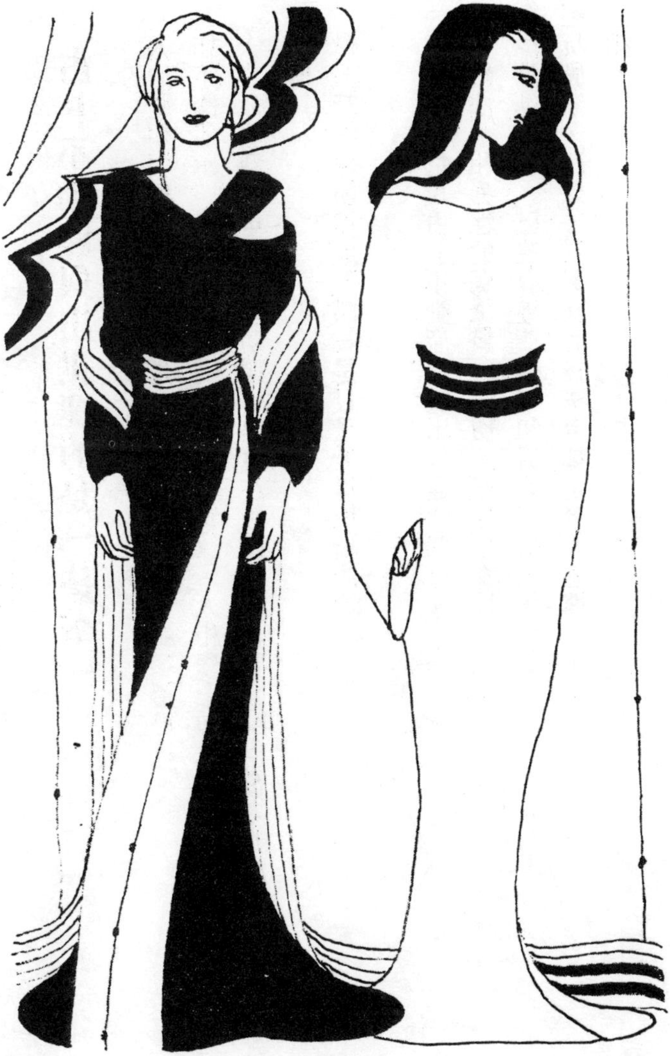

占卜不動產與出世運的是「法令」

人的臉頰中最引人注目的是，顴骨和位於其下的嘴邊皺紋。如下圖所示，從鼻兩側到嘴角會出現皺紋，人相學上稱此爲『法令』。法令必須到中年之後才明顯地出現在臉頰上，若要判斷年輕人的法令，請看對方微笑時的臉。

微笑時嘴邊所形成的皺紋是日後變得清晰的法令。

法令被認爲是占卜不動產運或出世運的部位。從前法令和男性的關係較爲密切，而最近女性積極地踏進社會，已擁有經濟權，和男人一樣工作甚至玩股票，所以，對男女而言法令都是令人感興趣之相。

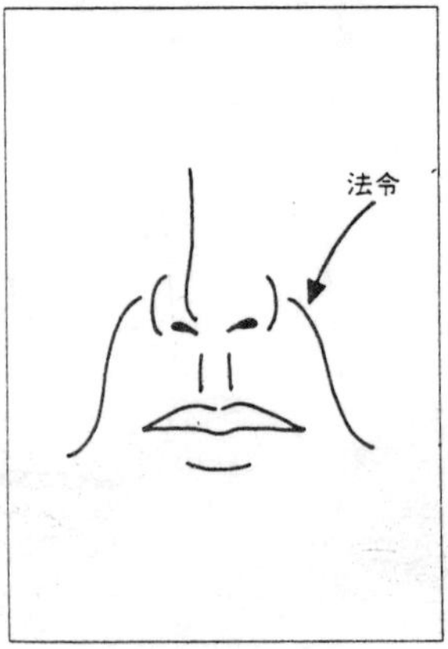

①八字型（圖31）

靠近嘴邊越寬廣的類型。

這種類型如果法令越清楚又深，則對事物的態度越爲積極而有行動力。

極受他人的信賴，從事任何職業都可能成功的人。也有可能創事業而增加不動產。

②前端變窄型（圖32）

和八字型正好相反越靠近嘴邊法令的寬幅越窄的型。

這種法令自古以來被認爲是貧相，既無財運也沒有出世運。

因爲，這種人對任何事都提不起勁，生性恬淡。如果身邊沒有令其燃起鬥志的人則一蹶不振。

圖31

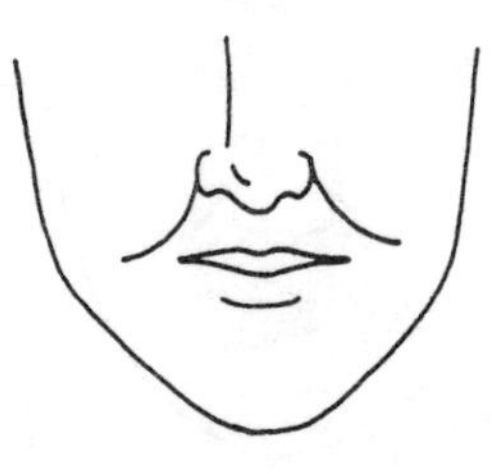

圖32

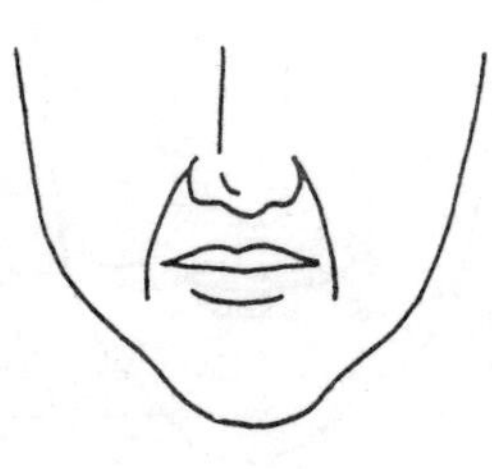

③——圓型（圖33）

從小鼻側畫圓地朝向耳際的法令。

以自我爲中心又強硬的性格。職場上人際關係的糾紛也不少。即使可以建立社會上的地位，也會孤立。

④——短型（圖34）

短而不明顯的法令，是容易生膩的性格。

頻繁地更換住所或職業，一切作爲都止於半途而廢。不論地位或繼承的土地、家業、財產都在這一代喪失的類型。

不過，這種類型的人唯一的好處是肉體上或精神上都比實際年齡年輕十歲以上，如果能落實地努力必可拓展運勢。

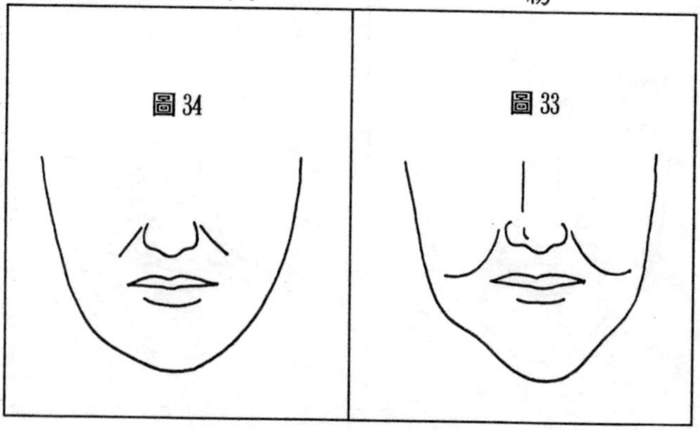

⑤——途中斷裂型（圖35）

法令在途中斷裂是表示意志的薄弱。斷裂處越多這種傾向越強。受環境或他人意見的左右沒有自己本身的人生方向。即使反覆更換職業也無法一帆風順。

⑥——從眼下凸出型（圖36）

一般是從鼻側露出法令，而如圖所示從眼下也會出現法令之相。賽車選手或冒險家等從事危險職業的人常見的相。

不擅長與人交際，而不受形式束縛的性格。在危險中挑戰才能感覺到生存的意義，據說是「無法壽終正寢」之相。

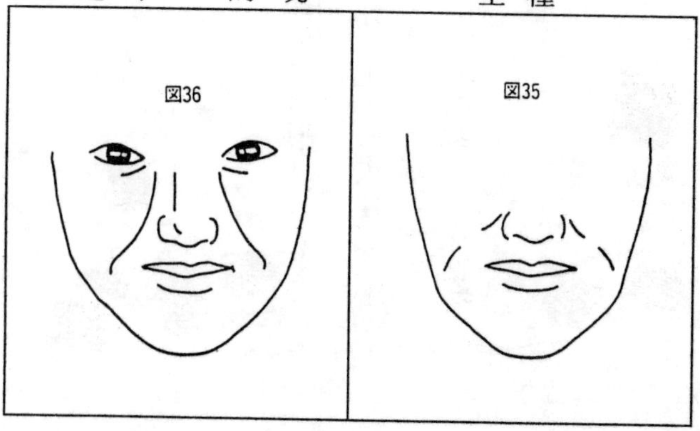

當然，這種相的人若要成功，必須從事不落於俗套而危險的職業。

⑦——帶傷型（圖37）

法令線上有傷口或凹陷（黑痣除外）的類型。人生中常被他人背叛。在工作上也會發生重大的失敗。

⑧——變形型（圖38）

途中分叉或變型的法令。在四十年代、五十年代後工作或生活環境會產生大變化。變化的內容也許是不期然的幸運或意想不到的不幸。

總而言之，可能是波濤起伏的人生。

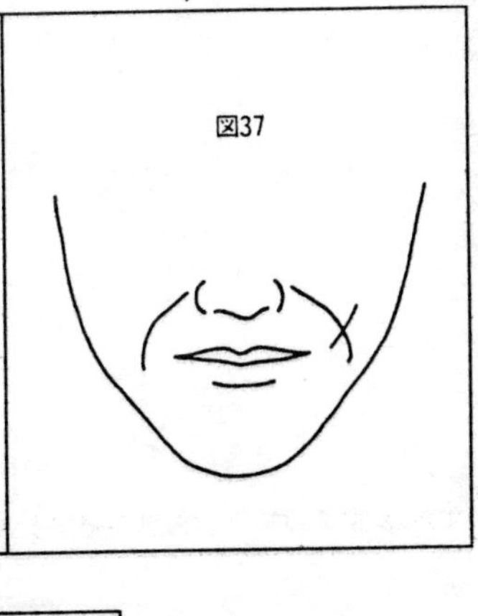

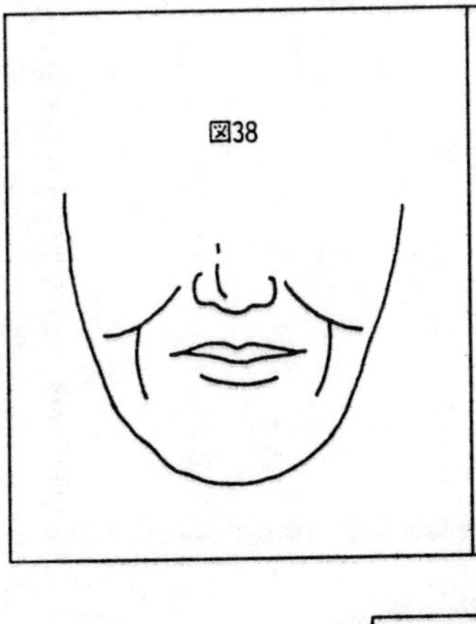

chapter 10

緣紋

占卜

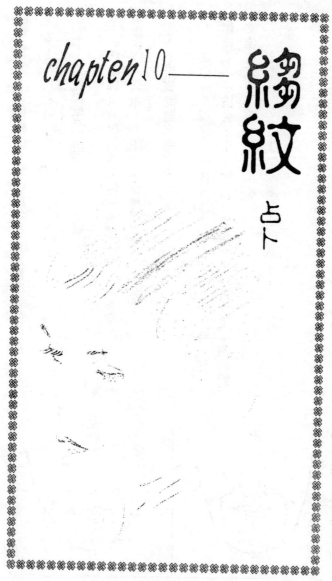

皺紋代表人的心或生活

臉上的皺紋中最容易判斷的是，額頭上的皺紋。有許多人即使臉上其他部份沒有皺紋，在額頭上也會出現皺紋。

人隨著年齡的增長皺紋會增加，然而年輕人或兒童也有額頭出現皺紋者。

人相學上額頭上的皺紋是瞭解個人的氣質或生活態度的重要線索。僅次於額頭，常出現皺紋的部位是眉間、眼角、從臉頰下的小鼻側延伸出的「法令」。

除此之外人的臉孔上還有各種的皺紋。人相學上認爲各個皺紋各有其含意，而臉上的皺紋並不像手相那麼複雜，比較容易解讀。

不過，皺紋會隨年齡、性格、生活環境而產生各種變化。它可以說是具實地傳達每個人在不同時候的心境或生活。以下就具體地說明臉上的皺紋。

男友的眉間有皺紋要特別注意

眉間的皺紋是診斷個人是否值得倚賴或生活態度、金錢態度等。在此以男性爲主來分析。

①——只有一條皺紋（圖39）

眉間出現一條明顯而深的皺紋多半是具有行動力、決斷力而略帶頑固的人。體格略胖，臉頰骨或臉頰肌肉厚實的人。經濟上帶有潔癖，也許是屬於吝嗇的類族。邱吉爾、赫魯雪夫、日本前首相吉田榮作等就有這種皺紋，體格上也類似。這種類型自尊心高、獨占慾強，結婚後必定是「大男人主義者」。

②——有兩條等長的皺紋（圖40）

理想主義的人。不過能適切地調整夢想和現實而行動，態度冷靜，鮮少暴露感情。

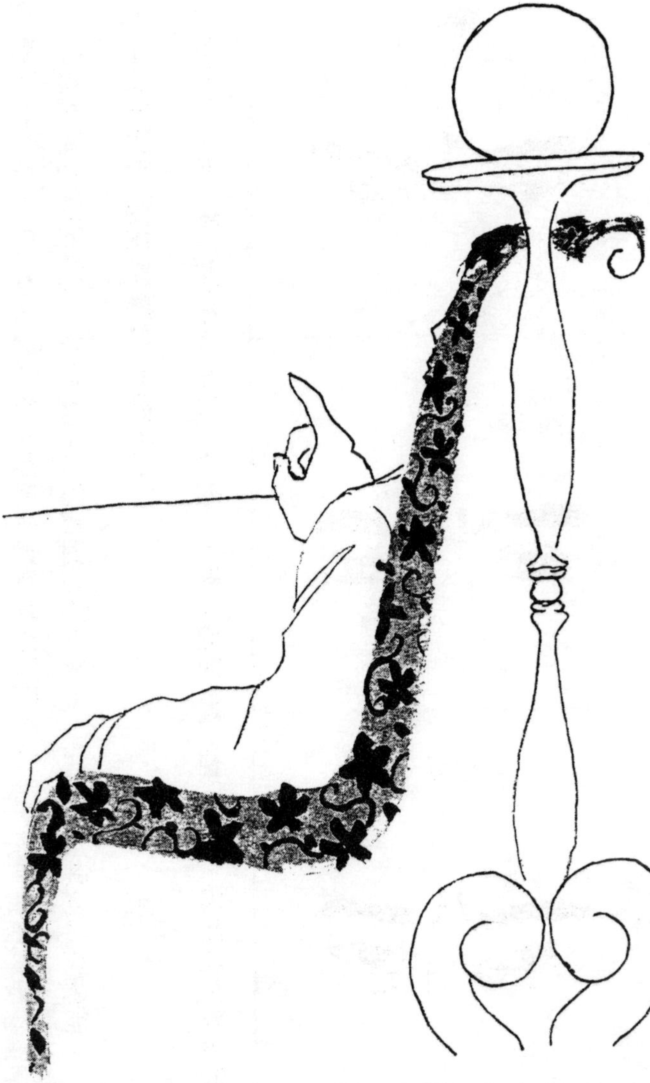

知識階級意識高，擅長聚集同伴成立團體，具有卓越的均衡感，受到旁人的信賴。

和這種類型者交往時必須留意不可傷害對方的自尊心，充份尊重其意見或才能。

③——左側長的兩條皺紋（圖41）

不論工作或人際關係經常感到困擾的人。對周遭的事物過於顧慮，因而重視外表的

圖39

圖40

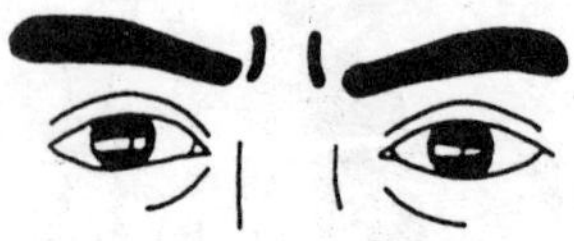

圖41

打扮，而對異性也重視外表。

④——右側長的兩條皺紋（圖42）

這種類型也是煩惱特多，不過問題是在自己的能力或身體狀況。對於自己的行動懂得節制而不失冷靜，因此，若要和這種類型者成爲知己，必須主動敞開心胸。

⑤——三條皺紋（圖43）

寬大的性格，會充份顧慮周遭的狀況再採取行動。不過，這種人具有理想或哲學上的信念，如果對方表現過於隨便會動怒。

三條皺紋規則性地併排在一起的人，是容易沉迷於特殊對象的藝術家，或對神秘事物憧憬不已的宗教家類型。

⑥——許多皺紋（圖44）

對細微瑣事掛在心頭、神經細膩的類型。很難將自己的眞心暴露出來。內心深處對他人帶有不信感。

情緒起伏不定，因不同的狀況改變心情。內心帶著強烈的警戒心和外表的隨和判若兩人，若要眞心地交際，必須有相當的努力和時間。

較難應付媽媽型或大姊型的異性。

圖42

圖43

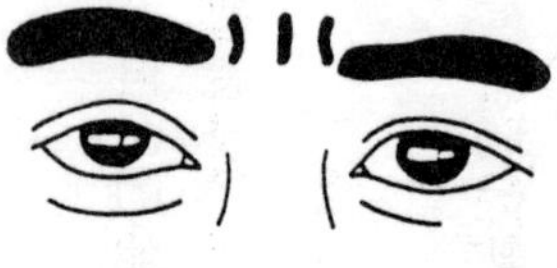

圖44

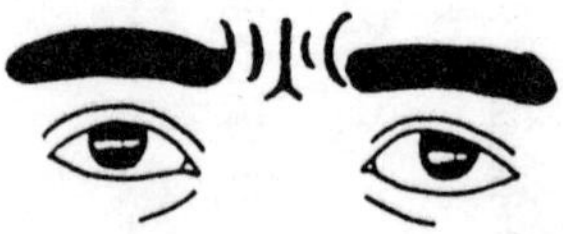

PLAT du JOU
VINS
ET

額頭上筆直的三條皺紋是前途有望者

額頭上的皺紋有長有短。一般較容易呈現三條水平紋，最上面的是和「記憶力」、中間和「判斷力」、下面和「直覺力」有關。

①——筆直的三條皺紋（圖45）

額頭上有明顯而筆直的三條皺紋的人，是深受旁人信賴而將來有望者。活躍於衆人之上的人常見這種額相，敢做敢言的類型，而重視義理人情運勢也強。會控制自己的感情，又能活用判斷力再採取行動，值得倚賴。

②——只有一條皺紋（圖46）

如圖所示額頭上只有一條皺紋時要觀看其位置。如果位於髮際是二十年代、正中央是中年、靠近眉側是晚年（五十年代以後）的各個時期有最高的運勢。

而只有中間一條長皺紋的人，是不倚賴他人自己拓展運勢的類型，絕不受學歷或家世左右。

③——途中斷裂的皺紋（圖47）

皺紋途中斷裂是表示生活的變化。斷裂處多是個性易冷易熱而極端的人。反覆更換工作而無法安定。具有卓越的藝術品味，有時會極早在這方面找到自己的天職。是屬於苦盡甘來的類型。

④——兩側皺紋呈半圓形狀（圖48）

圖45

圖46

圖47

圖48

圖49

對他人帶有強烈的同情心，這種類型的人幾乎可以說絕對不會變壞人。然而卻容易落入壞人的圈套……。

⑤——不規則的皺紋（圖49）

無法控制自己的行動，想什麼就做的人。這種皺紋多半左右不對稱，而這樣的人這種傾向尤強。

缺乏耐力又任性，有放浪的癖性也是浪費家。但是，有這種額相的男性在同性間雖然一無是處，卻多半受女性歡迎。

也許是具有細膩的心思及純眞的一面，這種其他男性身上找不到的魅力會刺激女性的母性本能。

一條皺紋足以改變人生

以上說明了眉間和額上的皺紋，在此附帶說明臉孔中各種形態的皺紋。

雖然僅止一條皺紋，然而光是一條皺紋就帶有深奧的含意，有時會對人生造成影響，絕對不可蔑視之。

另外，傷痕和皺紋也具有同樣的意義，在此一併說明。

額頭上最上端的橫紋兩端下垂的女性，是夫運差的人。不過，這種女性在男性眼中不論心靈或肉體都是至高無上。

在鼻根處有兩條橫紋，眼角皺紋長而極端下垂的女性中，有人的丈夫會在早期猝死。如果嘴的下部長、鼻小而眼不寬，這種傾向尤爲強烈。

眉中有傷口不容易辨認，必須仔細觀察。而這個傷口是表示缺乏近親者之緣。

臉頰骨外側有橫紋的男性常因部屬或晚輩奔波

辛勞。

鼻中央肌肉隆起而上面有橫切的細紋時，是表示中年之後運勢急速變化。

小鼻上有傷口，乃是越工作生活越無法獲得富裕的暗示。

微笑時人中出現橫紋的女性家庭運不好、子女運也差。而下顎小的人機率較高。

唇上有傷口的人，再怎麼努力工作錢財也是左進右出。

唇上的橫紋是和家庭緣薄的人，或患胃潰瘍的人。

下顎有傷口家庭內的糾紛不斷，在住宅方面會有麻煩的糾紛。

下顎出現梅乾狀的凹凸痕的人，多半是過於潔

癖的性格。

臉頰骨上有小皺紋乃是從「高處」墜落的暗示。而高處可能是實際上的樓梯或比喻地位。

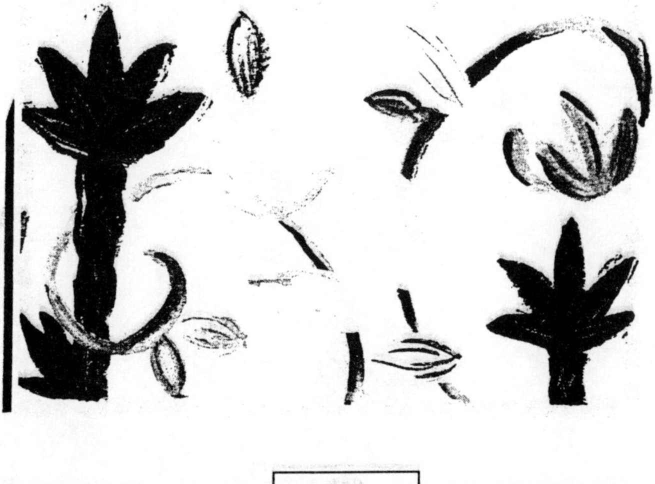

chapter 11 —— 痣占卜

痣的大小與位置所代表的含意

自古以來即有根據各種痣而占卜運勢的方法。由於痣的外型和宇宙星體類似，隨著星占術的流行，從十六世紀到十八世紀在歐洲曾經大爲流行痣占卜。

尤其是理查・山達斯的研究者，提出痣占卜後獲得廣大的迴響。

對女性而言，痣似乎不討人喜歡而令人擔憂，有些人甚至在臉上塗痣或相反地利用整型手術去掉痣。

在英語痣被稱爲美人點，女性的美貌和痣似乎有相當密切的關係。

臉上的痣帶有含意的是直徑兩公釐以上的痣，比其小的痣在運勢上並沒有特殊的含意。

從兩公尺遠處一眼就看出臉上的痣，是最理想的尺寸。

其中也有看似疣而不像痣的痣，而在痣占卜上，臉的疣和痣做同樣的判斷。

有時痣會突然變大。醫學上認爲，中年以上的人痣突然變大並不是好的現象。

但是，根據痣占卜的立場，痣明顯地大或色澤變好反而是運勢強的表示。

不過，根據痣的位置所隱藏的含意不同，因而有各式各樣的占卜法。

而男性和女性的占卜方式也不同。一般而言，男性是以鼻爲界線，左側臉上的痣具有正面的意義，影響力也較大，而女性右臉上的痣反而較具影響力。

人的臉孔左、右側的印象差距甚多，左右並不對稱。

右側臉是提高女性化性格的臉，而左側臉則是表示男性度的臉。

痣在男女間根據左右的位置也有含意上的不同。

①——臉頰上的痣◉吸引異性的心

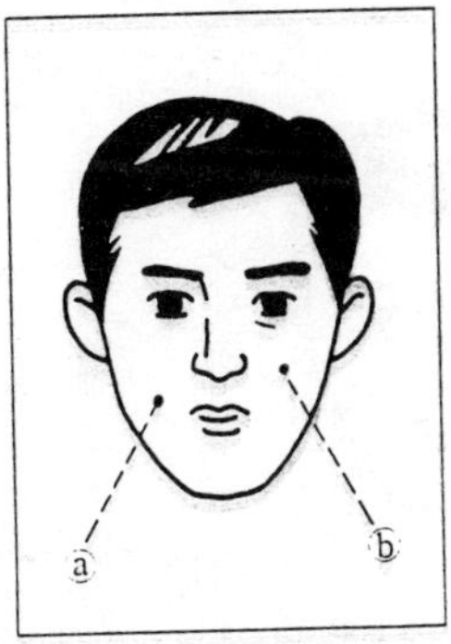

臉頰上的痣給人的印象非常強烈。尤其是女性，如ⓐ所示，在右側臉頰上的痣是指男性運非常強。世界級的美女，離婚經驗多的著名女星依麗莎白泰勒也有這顆痣。這顆痣凸顯了她的櫻桃小口，十足地吸引了男人的心。

右側臉頰上的痣具有增強男性魅力的功能。不論在相親或戀愛過程中會加強對男性的印象，使對方留下強烈的印象。

尤其在旅遊地常會被偶然邂逅的男性突如其來

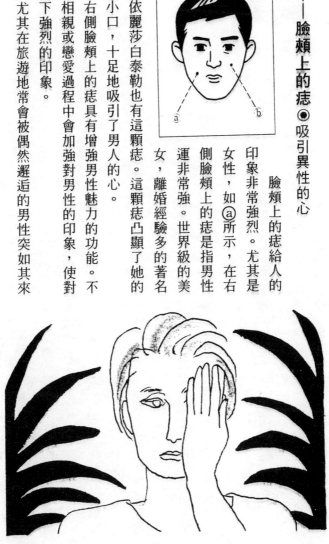

的追求而感到困惑。

不過，第一印象和其後交往的印象大爲迥異，似乎常有戀愛中爭吵或婚事不成的情況。而短期交往即閃電結婚的戀愛模式也是這種痣的特徵。

但是，右側臉頰有痣的女性如果口寬比鼻寬大時，給人好奇、頑固、任性的印象非常強烈。

而男性如ⓑ所示，在左側臉頰上有痣的人不論異性運或工作運都非常強。博得衆人的好感，在工作上也有得力的助手。

日本電視明星中曾經擔任參議院議員的青島幸男就有這顆痣。青島幸男不僅這個臉頰整個左半側的臉有許多痣。而幽默作家史提夫・馬克吐溫臉上也有大顆的痣。

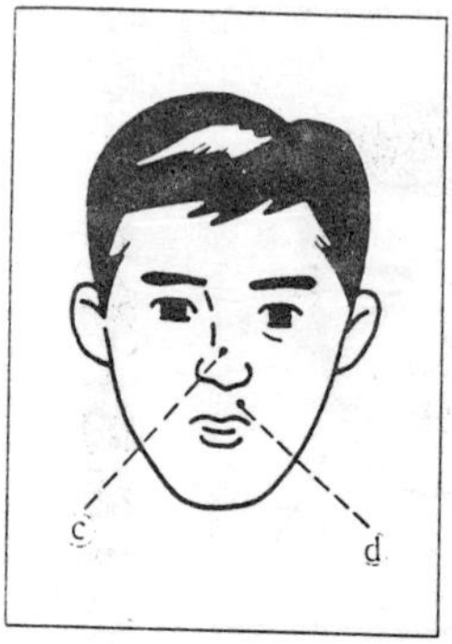

②——鼻子外圍的痣◉女性至上主義或攀龍附鳳型

鼻子外圍的痣多半帶有性的含意。

從前的人認爲鼻子中心ⓒ有痣乃是「後家相」而嫌棄，

其實鼻上的痣和個人性能力有密切關係。

佛洛依德學派的深層心理分析上也認爲鼻和性機能有密切關連，甚至出現「上下替代」的現象。

鼻周邊的痣中最具特徵的是，靠近鼻孔的痣ⓓ。在這個部位有大痣的女性是屬於受年長及年幼異性追求的類型。

印度某地方在鼻孔附近有裝飾寶石的風俗，將高級的寶石或裝飾穿在鼻孔上，以象徵優良的家世。

也許因爲鼻孔附近是表現「愛」的緣故吧。

鼻孔附近有大痣的女性（如疣般的痣更好），是所謂「攀龍附鳳」掌握幸運的人。

外表雖不動人卻被富家少爺熱烈追求的女性中，在這個部位常有一顆痣。

鼻樑中心ⓒ的痣給人的印象是好強的女性。而事實上也多半是陽剛氣的女性。

夫婦生活中也往往是女性處於上位。也許這正是古人認爲是「後家相」的原因。

③——眼、眉毛的外圍◉波濤起伏的人生

眼或眉毛附近是很容易長痣的部位。尤其是眉毛附近。男性在左、女性在右靠近眉根附近的位置ⓔ出現痣，是意味變化多端的運勢。

一般而言是早熟的人，喜歡上某個異性後會全心熱愛對方的類型。乍看下顯得忠厚老實，其實執著力強，在困境中越能發揮反駁力的人。

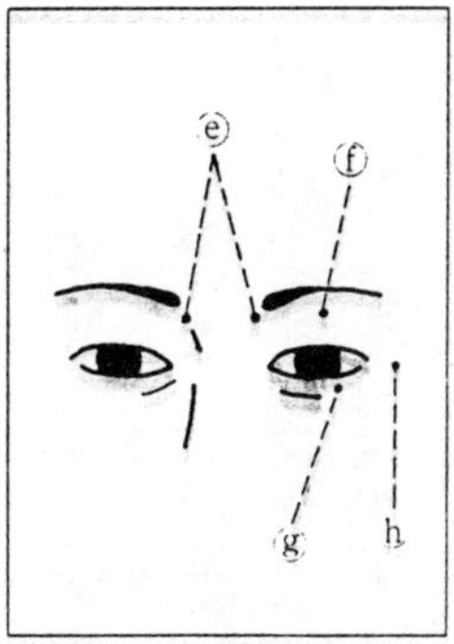

努力不懈而個性坦然的女性中也可見這樣的痣。

而眉毛和眼睛中央的痣ⓕ在被年長自己數歲（十歲以上）的異性追求的類型中常見，若是女性對父親型的男性、男性對母親型的女性感興趣。

下眼皮外沿的痣ⓖ，是異性關係隨便之相。雖然並不喜歡對方，卻在肉體上無法忘卻對方的存在；若是男性可能對他人之妻感到奉獻般的愛情，而女性則很容易被有妻室的男性所吸引。

另外，也常見在眼角有痣ⓗ的人。不論男女渴望改變生活的範圍，又喜好旅行、搬家，因而生活常不安定。

印度的人相占卜中認爲此處有痣的女性胸部發育好。據說三十年代以後，比十年代、二十年代的青春少女期，更顯現魅力。

眼睛的外眶有痣時，下腹部也有大顆的痣。洗澡時不妨看著鏡子確認一下。

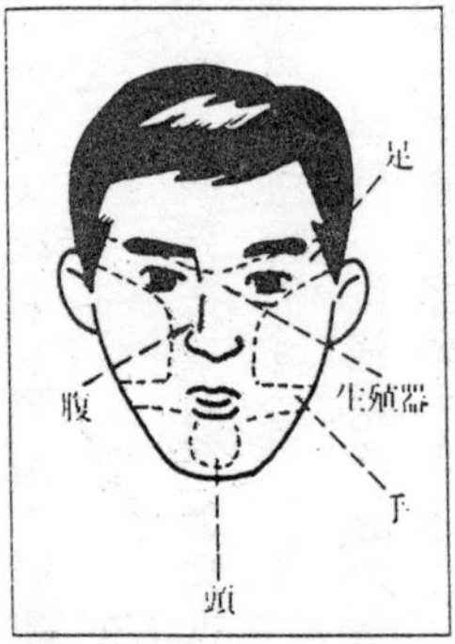

此外，如上圖所示，臉上也可以比照人的身體。臉上的痣和身體上的痣互相對應。臉上各個部位有痣，在身體上也有相對的痣出現。看男性臉上的痣可立即猜中男性裸體上痣的位置。這一點足以令男性大吃一驚吧。

④——額頭上的痣◉幸運符號

如ⓘ所示，在眉毛和髮際中間有痣的男性多半是「入贅型」。而且，多半是因入贅而變成大富翁或使對方的生意更爲發展的強運的人。

日本山多利佐治敬三社長，額頭上在偏右側有一顆大痣。

據說如ⓙ位於中央的痣在古代痣占卜中是健康和幸福的象徵。而在東洋的佛像中額

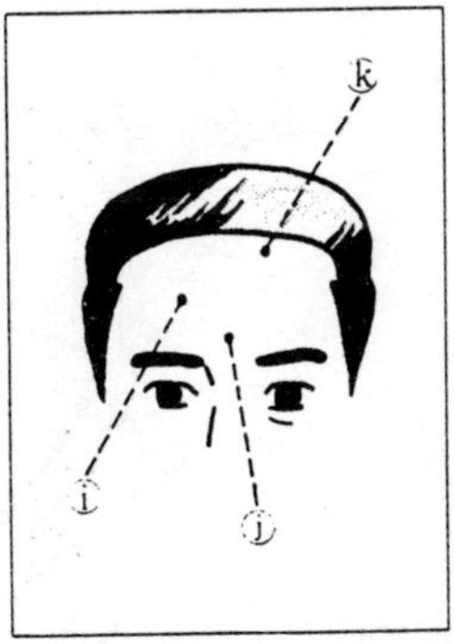

頭正中央的所謂「白毫」也是和痣類似的標記。不論東、西洋一致認爲額頭中央的痣乃是幸運的象徵。

不過，額頭上的痣如果出現在ⓚ的髮際，是表示很容易對丈夫以外的男性產生興趣或對外遇帶著憧憬。甚至有人在結婚典禮之前突然對對方失去興趣。

⑤——下顎的痣◉老大氣質的人

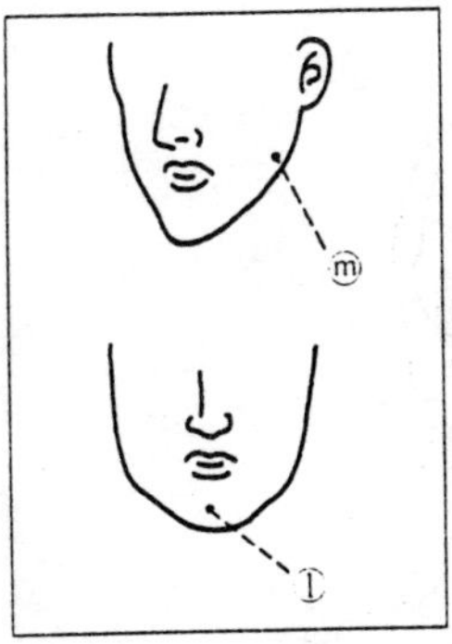

位於下顎中心的痣ⓛ，在老大型的男女的人相中常見。這種人受到晚輩或同事的倚賴，常成爲商量的對象。

成功的政治家或實業家常見下顎上的痣。

譬如，中國共產黨的指導人物毛澤東在下顎就有一顆大痣。這顆痣甚至成爲毛澤東臉孔的象徵。卡克・達格拉斯的臉上也有這顆痣，無形中給人靠得住的印象。

不過，這個部位有痣的男性會頻繁更換女性伴侶，一名女性並無法獲得滿足。而女性具有帶領同性或異性的神奇威嚴。所以，是可以讓工作和家庭兼顧得宜的人。

下巴上的痣如果像ⓜ靠近耳邊，深獲兒童的歡迎。比實際年齡顯得年輕許多，給人非常開朗的印象。在相親時一起前來的介紹人或對方的父母，往往比當事者的男方更爲中意。

隨著年齡的增長異性運更爲上升。是屬於越晚婚越能獲得幸福的類型。

⑥——耳、頸上的痣◉財運強

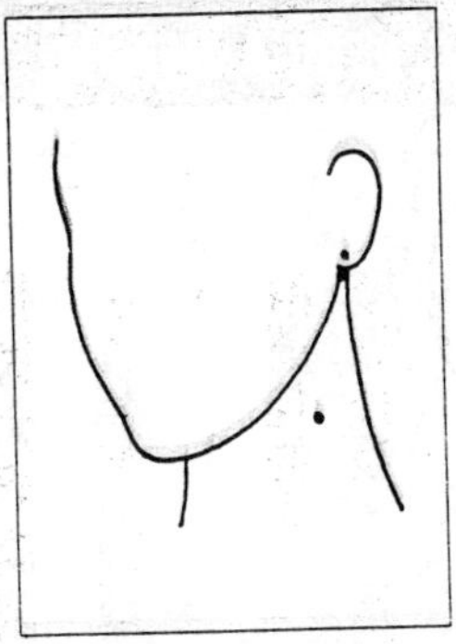

耳上有大顆痣時擁有極旺的財運。而脖子上有痣據說有錦衣羅袖之惠。

女性如果右耳上有顆大痣，具有使男性成功的強運，能夠發揮內助之功使丈夫成爲一流人物。

尤其是戀愛結合的男女據說有這樣的痣時會帶來幸運。

淺野八郎的人相秘術 4

根據外表認識對方的方法

在各類型所列舉的條件中有兩個以上條件符合的人，百分之九十屬於該類型。

財運佳的人

髮際齊整、三角眉、八字眉、紮實的小鼻、大而緊縮的唇、堅挺的下顎。

散財多的類型

大的雙眼皮、不緊縮的唇、門牙留縫、鼻孔大。

不適合賭博的類型

小鼻上有痣、沒有大的腮幫子、距離過大的眉間、矮短的鼻。

背叛長上的類型

髮際參差不齊、兩側邊過於凸出的腮幫子、三白眼、左右眼大小不同、段鼻、彎曲的鼻。

淺野八郎的人相秘術 4

和任何人都能和平相處的類型

眉間寬、額頭潔淨、有整齊縱紋的唇、豐厚的耳垂。

喜歡倚賴他人的類型

富士額、可看見皮膚的薄眉、大的雙眼皮、矮鼻、小唇、兩眼距離寬。

喜歡SEX的類型

眼下有眼袋、大鼻、大而厚的唇、腮幫子大、肌肉厚實的耳朵。

容易再婚的類型

髮際參差不齊、鼻根凹陷、不齊的牙齒、段鼻、彎曲的鼻子。

chapter 12 —— 疾病

占卜

臉孔是健康的指標

自古以來從經驗上即可得知「臉色欠佳」或「疲憊不堪的臉」「無法上妝的臉」等形容臉孔具實地傳達個人身體狀態的事實。在日常談話中也經常提及根據人相診斷健康的方法，據說經驗老練的醫師只要看病人的臉孔，甚至可以準確地診斷出病名。

人相術中也採納許多這類經驗式的判斷法。而且，最近以更科學的方法研究利用人相的健康診斷法的風氣日盛。其中成果最大的是眼睛的診斷法。

根據眼睛的色彩、光輝及眼底的變化等細部的診斷而考量出發現各種疾病的方法。有些人甚至認爲利用眼和手（手相）的診斷可以早期發現癌症或心臟病。

另外，將臉孔各部皮膚顏色的變化拍成紫外線照片和健康人體顏色做比較的研究也正在進行當中。將來這類人相的科學性判斷法如果更爲進步，也許可以發現更爲引人深思的事實。

臉和手反映全身的狀況——這種觀念在東方醫學亦即漢方上自古已盛行。漢方上認爲身體某一部份的疾病是因全身異常而引起，而該疾病是根據某特定的管道呈現在臉或手上。而身體的各種經絡一部份傳達到手，另一部份連接到臉上。

譬如，「牙疼」時漢方並不直接在牙齒上做治療。而是在遠離牙齒的手或足上做針或灸療法。

上牙疼痛時在手的拇指和食指指根部份、下牙疼痛時在腳的食指和中指的指根（用指按壓時相當疼痛的部位）施針或灸。

漢方治療法的根本是基於臉是全身反應的觀念。以西洋醫學的立場而言，也許極不合理。

而人相術中有採納這類漢方觀念的「人形相法」。這是在臉上描繪身體的雛形而占卜個人全身狀態的方法。

筆者個人根據長年的經驗，將此法以現代的觀點稍作改良而成「全身投影法」。將臉和身體集合在一起，根據臉各部份的變化診斷疾病。

以男性爲例，額頭是頸部以上亦即和大腦小腦等腦組織的變化有關連。而眼和眼之間和心臟或血管系統、鼻的鼻根和胸部、鼻和腹部亦即胃腸或肝臟、口到臉頰處和生殖

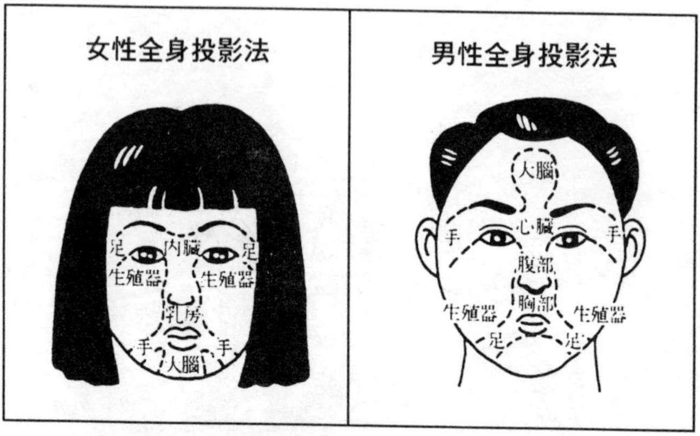

器或腳等有所關連。

不過，女性的全身投影和男性完全不同。

換言之，眼睛部份和生殖器關係密切，鼻部不論男女都和內臟有關。而鼻端到口和乳房、胸部有關，臉頰和手、下唇和運動神經相結合。

而下顎則和大腦機能有密切關係。

①——心臟的疾病

男性是兩眼中間、女性是鼻中心，做爲判斷心臟機能的部位。

兩眼間隔太寬或太窄的兒童，似乎多半心臟脆弱或有畸型。根據調查心臟有異常的十五名男孩，發現其中十二人雙眼的距離極端地變窄。

這時這些人的手相也出現異常，細紋途中斷裂或彎曲。而雙眼間和臉孔整體比較下顯得泛白或發黑時，可能是有先天上的異常。

而女性如果鼻樑中心過窄或鼻子的橫幅過窄時，多半有心臟的異常。

②——內臟（消化器、肝臟）的疾病

不論男女在鼻上都出現徵兆。鼻樑彎曲或途中隆起或出現許多縱紋時，可能是內臟出現異常。而脊椎彎曲時鼻樑也會呈現彎曲。

鼻樑途中隆起時，可能有鼻方面的疾病或內臟疾病。如果飲酒過量、過勞、睡眠不足時，一般而言鼻的周邊會失去光澤、皮膚色澤變差。

③——神經的異常

心浮氣躁或神經衰弱等神經症，在臉上會出現明顯的徵兆。

瞳孔不規則的擺動或旋轉時，是具有強度的神經症或腦中出現異常。

程度越強時眼中越出現強烈的變化。其中可分成黑眼不停閃動及無氣力地凝視空中某一點的兩種類型。黑眼不安定地擺動乃是腦部出現障礙，而凝視型多半只是單純的精神病。

而兩眉中間出現許多不規則的縱紋，乃是神經症的特徵。

臉孔是短命或長壽的觀測站

長壽型的最大特徵乃是身體全身極爲均衡。

據說人是從下半身開始老化，因而上半身與下半身均衡的人具有長命的素質。根據人相的「全身投影法」而言，是意味臉孔整體極爲均稱平衡。

活到一百歲左右的長壽者共通之處是額、眼、口周邊出現規則的皺紋以及耳朵大這兩點。

臉上的皺紋和耳型是臉孔整體均衡的表徵。

如下圖所示，額上皺紋規則而齊整（面向鏡前皺起眉頭看看）時，是具有活到一百歲的體力。

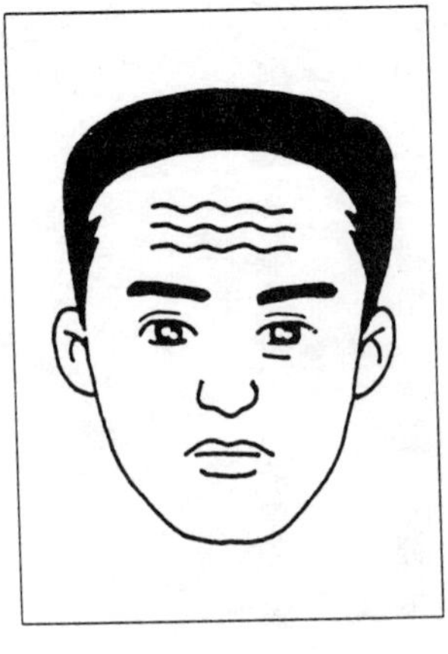

這些皺紋並不單指肉體上的安定，從人相術的立場來看應該是精神面的穩定。

必須注意交通事故的臉

發生事故或遭遇事故，到底是何種臉型的人？最重要的是眼睛的特徵。

觀察突然遭逢車禍而死亡的二十二歲的女性臉孔，探討其中的共同點時，發現以下的事實。

眼細的人……………………………17人
眼和眼的間隔寬的人………………15人
臉頰骨凸出的人……………………10人
眉薄的人……………………………9人

這些類型不論男女都不適合開車。而且，在戶外步行時要

特別小心。

尤其是男性，除了眼睛四周的特徵外，耳朵極小的人機率也高，然而這一點卻無確證。

自己創造自己的臉孔

請讀者各位每天早上面向鏡前化妝時養成讓臉孔表情舒坦的習慣。面對鏡子做一個妳最滿意的笑容，盡量保持開朗的心情。

如果因情緒的理由無法做笑容時，不妨試行一下所介紹的簡單的物理笑容製造法。

首先，將下顎往身體緊縮，視線稍微朝上，然後凝視鏡中的自己。自然地會忍俊不住而發笑。

總而言之，誠如自己要創造自己的人生，自己的臉孔也要由自己來創造。

大展出版社有限公司	圖書目錄
地址：台北市北投區11204 致遠一路二段12巷1號 郵撥： 0166955～1	電話：(02) 8236031 8236033 傳眞：(02) 8272069

•法律專欄連載• 電腦編號 58

台大法學院 法律學系／策劃
法律服務社／編著

①別讓您的權利睡著了[1]	200元
②別讓您的權利睡著了[2]	200元

•秘傳占卜系列• 電腦編號 14

①手相術	淺野八郎著	150元
②人相術	淺野八郎著	150元
③西洋占星術	淺野八郎著	150元
④中國神奇占卜	淺野八郎著	150元
⑤夢判斷	淺野八郎著	150元
⑥前世、來世占卜	淺野八郎著	150元
⑦法國式血型學	淺野八郎著	150元
⑧靈感、符咒學	淺野八郎著	150元

•趣味心理講座• 電腦編號 15

①性格測驗1	探索男與女	淺野八郎著	140元
②性格測驗2	透視人心奧秘	淺野八郎著	140元
③性格測驗3	發現陌生的自己	淺野八郎著	140元
④性格測驗4	發現你的真面目	淺野八郎著	140元
⑤性格測驗5	讓你們吃驚	淺野八郎著	140元
⑥性格測驗6	洞穿心理盲點	淺野八郎著	140元
⑦性格測驗7	探索對方心理	淺野八郎著	140元
⑧性格測驗8	由吃認識自己	淺野八郎著	140元
⑨性格測驗9	戀愛知多少	淺野八郎著	140元
⑩性格測驗10	由裝扮瞭解人心	淺野八郎著	140元
⑪性格測驗11	敲開內心玄機	淺野八郎著	140元
⑫性格測驗12	透視你的未來	淺野八郎著	140元
⑬血型與你的一生		淺野八郎著	140元

⑭趣味推理遊戲	淺野八郎著	140元

・婦幼天地・電腦編號16

①八萬人減肥成果	黃靜香譯	150元
②三分鐘減肥體操	楊鴻儒譯	130元
③窈窕淑女美髮秘訣	柯素娥譯	130元
④使妳更迷人	成　玉譯	130元
⑤女性的更年期	官舒妍編譯	130元
⑥胎內育兒法	李玉瓊編譯	120元
⑦早產兒袋鼠式護理	唐岱蘭譯	200元
⑧初次懷孕與生產	婦幼天地編譯組	180元
⑨初次育兒12個月	婦幼天地編譯組	180元
⑩斷乳食與幼兒食	婦幼天地編譯組	180元
⑪培養幼兒能力與性向	婦幼天地編譯組	180元
⑫培養幼兒創造力的玩具與遊戲	婦幼天地編譯組	180元
⑬幼兒的症狀與疾病	婦幼天地編譯組	180元
⑭腿部苗條健美法	婦幼天地編譯組	150元
⑮女性腰痛別忽視	婦幼天地編譯組	150元
⑯舒展身心體操術	李玉瓊編譯	130元
⑰三分鐘臉部體操	趙薇妮著	120元
⑱生動的笑容表情術	趙薇妮著	120元
⑲心曠神怡減肥法	川津祐介著	130元
⑳內衣使妳更美麗	陳玄茹譯	130元
㉑瑜伽美姿美容	黃靜香編著	150元
㉒高雅女性裝扮學	陳珮玲譯	180元
㉓蠶糞肌膚美顏法	坂梨秀子著	160元
㉔認識妳的身體	李玉瓊譯	160元

・青春天地・電腦編號17

①A血型與星座	柯素娥編譯	120元
②B血型與星座	柯素娥編譯	120元
③O血型與星座	柯素娥編譯	120元
④AB血型與星座	柯素娥編譯	120元
⑤青春期性教室	呂貴嵐編譯	130元
⑥事半功倍讀書法	王毅希編譯	130元
⑦難解數學破題	宋釗宜編譯	130元
⑧速算解題技巧	宋釗宜編譯	130元
⑨小論文寫作秘訣	林顯茂編譯	120元
⑩視力恢復！超速讀術	江錦雲譯	130元

⑪中學生野外遊戲	熊谷康編著	120元
⑫恐怖極短篇	柯素娥編譯	130元
⑬恐怖夜話	小毛驢編譯	130元
⑭恐怖幽默短篇	小毛驢編譯	120元
⑮黑色幽默短篇	小毛驢編譯	120元
⑯靈異怪談	小毛驢編譯	130元
⑰錯覺遊戲	小毛驢編譯	130元
⑱整人遊戲	小毛驢編譯	120元
⑲有趣的超常識	柯素娥編譯	130元
⑳哦！原來如此	林慶旺編譯	130元
㉑趣味競賽100種	劉名揚編譯	120元
㉒數學謎題入門	宋釗宜編譯	150元
㉓數學謎題解析	宋釗宜編譯	150元
㉔透視男女心理	林慶旺編譯	120元
㉕少女情懷的自白	李桂蘭編譯	120元
㉖由兄弟姊妹看命運	李玉瓊編譯	130元
㉗趣味的科學魔術	林慶旺編譯	150元
㉘趣味的心理實驗室	李燕玲編譯	150元
㉙愛與性心理測驗	小毛驢編譯	130元
㉚刑案推理解謎	小毛驢編譯	130元
㉛偵探常識推理	小毛驢編譯	130元
㉜偵探常識解謎	小毛驢編譯	130元
㉝偵探推理遊戲	小毛驢編譯	130元
㉞趣味的超魔術	廖玉山編著	150元
㉟趣味的珍奇發明	柯素娥編著	150元

•健 康 天 地•電腦編號 18

①壓力的預防與治療	柯素娥編譯	130元
②超科學氣的魔力	柯素娥編譯	130元
③尿療法治病的神奇	中尾良一著	130元
④鐵證如山的尿療法奇蹟	廖玉山譯	120元
⑤一日斷食健康法	葉慈容編譯	120元
⑥胃部強健法	陳炳崑譯	120元
⑦癌症早期檢查法	廖松濤譯	130元
⑧老人痴呆症防止法	柯素娥編譯	130元
⑨松葉汁健康飲料	陳麗芬編譯	130元
⑩揉肚臍健康法	永井秋夫著	150元
⑪過勞死、猝死的預防	卓秀貞編譯	130元
⑫高血壓治療與飲食	藤山順豐著	150元
⑬老人看護指南	柯素娥編譯	150元

⑭美容外科淺談	楊啟宏著	150元
⑮美容外科新境界	楊啟宏著	150元
⑯鹽是天然的醫生	西英司郎著	140元
⑰年輕十歲不是夢	梁瑞麟譯	200元
⑱茶料理治百病	桑野和民著	180元
⑲綠茶治病寶典	桑野和民著	150元
⑳杜仲茶養顏減肥法	西田博著	150元
㉑蜂膠驚人療效	瀨長良三郎著	160元
㉒蜂膠治百病	瀨長良三郎著	元

•實用女性學講座• 電腦編號 19

①解讀女性內心世界	島田一男著	150元
②塑造成熟的女性	島田一男著	150元

•校 園 系 列• 電腦編號 20

①讀書集中術	多湖輝著	150元
②應考的訣竅	多湖輝著	150元
③輕鬆讀書贏得聯考	多湖輝著	150元
④讀書記憶秘訣	多湖輝著	150元

•實用心理學講座• 電腦編號 21

①拆穿欺騙伎倆	多湖輝著	140元
②創造好構想	多湖輝著	140元
③面對面心理術	多湖輝著	140元
④偽裝心理術	多湖輝著	140元
⑤透視人性弱點	多湖輝著	140元
⑥自我表現術	多湖輝著	150元
⑦不可思議的人性心理	多湖輝著	150元
⑧催眠術入門	多湖輝著	150元
⑨責罵部屬的藝術	多湖輝著	150元
⑩精神力	多湖輝著	150元
⑪厚黑說服術	多湖輝著	150元
⑫集中力	多湖輝著	150元

•超現實心理講座• 電腦編號 22

①超意識覺醒法	詹蔚芬編譯	130元
②護摩秘法與人生	劉名揚編譯	130元

③秘法！超級仙術入門　陸　明譯　150元
④給地球人的訊息　柯素娥編著　150元
⑤密教的神通力　劉名揚編著　130元
⑥神秘奇妙的世界　平川陽一著　180元

•養 生 保 健• 電腦編號 23

①醫療養生氣功　黃孝寬著　250元
②中國氣功圖譜　余功保著　230元
③少林醫療氣功精粹　井玉蘭著　250元
④龍形實用氣功　吳大才等著　220元
⑤魚戲增視強身氣功　宮　嬰著　220元
⑥嚴新氣功　前新培金著　250元
⑦道家玄牝氣功　張　章著　元
⑧仙家秘傳袪病功　李遠國著　元

•心 靈 雅 集• 電腦編號 00

①禪言佛語看人生　松濤弘道著　180元
②禪密教的奧秘　葉逯謙譯　120元
③觀音大法力　田口日勝著　120元
④觀音法力的大功德　田口日勝著　120元
⑤達摩禪106智慧　劉華亭編譯　150元
⑥有趣的佛教研究　葉逯謙編譯　120元
⑦夢的開運法　蕭京凌譯　130元
⑧禪學智慧　柯素娥編譯　130元
⑨女性佛教入門　許俐萍譯　110元
⑩佛像小百科　心靈雅集編譯組　130元
⑪佛教小百科趣談　心靈雅集編譯組　120元
⑫佛教小百科漫談　心靈雅集編譯組　150元
⑬佛教知識小百科　心靈雅集編譯組　150元
⑭佛學名言智慧　松濤弘道著　180元
⑮釋迦名言智慧　松濤弘道著　180元
⑯活人禪　平田精耕著　120元
⑰坐禪入門　柯素娥編譯　120元
⑱現代禪悟　柯素娥編譯　130元
⑲道元禪師語錄　心靈雅集編譯組　130元
⑳佛學經典指南　心靈雅集編譯組　130元
㉑何謂「生」　阿含經　心靈雅集編譯組　150元
㉒一切皆空　般若心經　心靈雅集編譯組　150元
㉓超越迷惘　法句經　心靈雅集編譯組　130元

㉔開拓宇宙觀　華嚴經	心靈雅集編譯組	130元
㉕真實之道　法華經	心靈雅集編譯組	130元
㉖自由自在　涅槃經	心靈雅集編譯組	130元
㉗沈默的教示　維摩經	心靈雅集編譯組	150元
㉘開通心眼　佛語佛戒	心靈雅集編譯組	130元
㉙揭秘寶庫　密教經典	心靈雅集編譯組	130元
㉚坐禪與養生	廖松濤譯	110元
㉛釋尊十戒	柯素娥編譯	120元
㉜佛法與神通	劉欣如編著	120元
㉝悟（正法眼藏的世界）	柯素娥編譯	120元
㉞只管打坐	劉欣如編譯	120元
㉟喬答摩・佛陀傳	劉欣如編著	120元
㊱唐玄奘留學記	劉欣如編譯	120元
㊲佛教的人生觀	劉欣如編譯	110元
㊳無門關（上卷）	心靈雅集編譯組	150元
㊴無門關（下卷）	心靈雅集編譯組	150元
㊵業的思想	劉欣如編著	130元
㊶佛法難學嗎	劉欣如著	140元
㊷佛法實用嗎	劉欣如著	140元
㊸佛法殊勝嗎	劉欣如著	140元
㊹因果報應法則	李常傳編	140元
㊺佛教醫學的奧秘	劉欣如編著	150元
㊻紅塵絕唱	海　若著	130元
㊼佛教生活風情	洪丕謨、姜玉珍著	220元
㊽行住坐臥有佛法	劉欣如著	160元
㊾起心動念是佛法	劉欣如著	160元

・經 營 管 理・電腦編號 01

◎創新經營六十六大計（精）	蔡弘文編	780元
①如何獲取生意情報	蘇燕謀譯	110元
②經濟常識問答	蘇燕謀譯	130元
③股票致富68秘訣	簡文祥譯	100元
④台灣商戰風雲錄	陳中雄著	120元
⑤推銷大王秘錄	原一平著	100元
⑥新創意・賺大錢	王家成譯	90元
⑦工廠管理新手法	琪　輝著	120元
⑧奇蹟推銷術	蘇燕謀譯	100元
⑨經營參謀	柯順隆譯	120元
⑩美國實業24小時	柯順隆譯	80元
⑪撼動人心的推銷法	原一平著	120元

⑫高竿經營法	蔡弘文編	120元
⑬如何掌握顧客	柯順隆譯	150元
⑭一等一賺錢策略	蔡弘文編	120元
⑯成功經營妙方	鐘文訓著	120元
⑰一流的管理	蔡弘文編	150元
⑱外國人看中韓經濟	劉華亭譯	150元
⑲企業不良幹部群相	琪輝編著	120元
⑳突破商場人際學	林振輝編著	90元
㉑無中生有術	琪輝編著	140元
㉒如何使女人打開錢包	林振輝編著	100元
㉓操縱上司術	邑井操著	90元
㉔小公司經營策略	王嘉誠著	100元
㉕成功的會議技巧	鐘文訓編譯	100元
㉖新時代老闆學	黃柏松編著	100元
㉗如何創造商場智囊團	林振輝編譯	150元
㉘十分鐘推銷術	林振輝編譯	120元
㉙五分鐘育才	黃柏松編譯	100元
㉚成功商場戰術	陸明編譯	100元
㉛商場談話技巧	劉華亭編譯	120元
㉜企業帝王學	鐘文訓譯	90元
㉝自我經濟學	廖松濤編譯	100元
㉞一流的經營	陶田生編著	120元
㉟女性職員管理術	王昭國編譯	120元
㊱ＩＢＭ的人事管理	鐘文訓編譯	150元
㊲現代電腦常識	王昭國編譯	150元
㊳電腦管理的危機	鐘文訓編譯	120元
㊴如何發揮廣告效果	王昭國編譯	150元
㊵最新管理技巧	王昭國編譯	150元
㊶一流推銷術	廖松濤編譯	120元
㊷包裝與促銷技巧	王昭國編譯	130元
㊸企業王國指揮塔	松下幸之助著	120元
㊹企業精銳兵團	松下幸之助著	120元
㊺企業人事管理	松下幸之助著	100元
㊻華僑經商致富術	廖松濤編譯	130元
㊼豐田式銷售技巧	廖松濤編譯	120元
㊽如何掌握銷售技巧	王昭國編著	130元
㊿洞燭機先的經營	鐘文訓編譯	150元
52新世紀的服務業	鐘文訓編譯	100元
53成功的領導者	廖松濤編譯	120元
54女推銷員成功術	李玉瓊編譯	130元
55ＩＢＭ人才培育術	鐘文訓編譯	100元

㊻企業人自我突破法	黃琪輝編著	150元
㊽財富開發術	蔡弘文編著	130元
㊾成功的店舖設計	鐘文訓編著	150元
㊿企管回春法	蔡弘文編著	130元
62小企業經營指南	鐘文訓編譯	100元
63商場致勝名言	鐘文訓編譯	150元
64迎接商業新時代	廖松濤編譯	100元
66新手股票投資入門	何朝乾　編	180元
67上揚股與下跌股	何朝乾編譯	180元
68股票速成學	何朝乾編譯	180元
69理財與股票投資策略	黃俊豪編著	180元
70黃金投資策略	黃俊豪編著	180元
71厚黑管理學	廖松濤編譯	180元
72股市致勝格言	呂梅莎編譯	180元
73透視西武集團	林谷燁編譯	150元
76巡迴行銷術	陳蒼杰譯	150元
77推銷的魔術	王嘉誠譯	120元
7860秒指導部屬	周蓮芬編譯	150元
79精銳女推銷員特訓	李玉瓊編譯	130元
80企劃、提案、報告圖表的技巧	鄭　汶　譯	180元
81海外不動產投資	許達守編譯	150元
82八百件的世界策略	李玉瓊譯	150元
83服務業品質管理	吳宜芬譯	180元
84零庫存銷售	黃東謙編譯	150元
85三分鐘推銷管理	劉名揚編譯	150元
86推銷大王奮鬥史	原一平著	150元
87豐田汽車的生產管理	林谷燁編譯	150元

・成 功 寶 庫・電腦編號 02

①上班族交際術	江森滋著	100元
②拍馬屁訣竅	廖玉山編譯	110元
④聽話的藝術	歐陽輝編譯	110元
⑨求職轉業成功術	陳　義編著	110元
⑩上班族禮儀	廖玉山編著	120元
⑪接近心理學	李玉瓊編著	100元
⑫創造自信的新人生	廖松濤編著	120元
⑭上班族如何出人頭地	廖松濤編著	100元
⑮神奇瞬間瞑想法	廖松濤編譯	100元
⑯人生成功之鑰	楊意苓編著	150元
⑱潛在心理術	多湖輝　著	100元

⑲給企業人的諍言	鐘文訓編著	120元
⑳企業家自律訓練法	陳　義編譯	100元
㉑上班族妖怪學	廖松濤編著	100元
㉒猶太人縱橫世界的奇蹟	孟佑政編著	110元
㉓訪問推銷術	黃静香編著	130元
㉕你是上班族中強者	嚴思圖編著	100元
㉖向失敗挑戰	黃静香編著	100元
㉙機智應對術	李玉瓊編著	130元
㉚成功頓悟100則	蕭京凌編譯	130元
㉛掌握好運100則	蕭京凌編譯	110元
㉜知性幽默	李玉瓊編譯	130元
㉝熟記對方絕招	黃静香編譯	100元
㉞男性成功秘訣	陳蒼杰編譯	130元
㊱業務員成功秘方	李玉瓊編著	120元
㊲察言觀色的技巧	劉華亭編著	130元
㊳一流領導力	施義彥編譯	120元
㊴一流說服力	李玉瓊編著	130元
㊵30秒鐘推銷術	廖松濤編譯	120元
㊶猶太成功商法	周蓮芬編譯	120元
㊷尖端時代行銷策略	陳蒼杰編著	100元
㊸顧客管理學	廖松濤編著	100元
㊹如何使對方說Yes	程　羲編著	150元
㊺如何提高工作效率	劉華亭編著	150元
㊼上班族口才學	楊鴻儒譯	120元
㊽上班族新鮮人須知	程　羲編著	120元
㊾如何左右逢源	程　羲編著	130元
㊿語言的心理戰	多湖輝著	130元
51扣人心弦演說術	劉名揚編著	120元
53如何增進記憶力、集中力	廖松濤譯	130元
55性惡企業管理學	陳蒼杰譯	130元
56自我啟發200招	楊鴻儒編著	150元
57做個傑出女職員	劉名揚編著	130元
58靈活的集團營運術	楊鴻儒編著	120元
60個案研究活用法	楊鴻儒編著	130元
61企業教育訓練遊戲	楊鴻儒編著	120元
62管理者的智慧	程　義編譯	130元
63做個佼佼管理者	馬筱莉編譯	130元
64智慧型說話技巧	沈永嘉編譯	130元
66活用佛學於經營	松濤弘道著	150元
67活用禪學於企業	柯素娥編譯	130元
68詭辯的智慧	沈永嘉編譯	130元

⑯幽默詭辯術	廖玉山編譯	130元
⑰拿破崙智慧箴言	柯素娥編譯	130元
⑱自我培育・超越	蕭京凌編譯	150元
⑲深層心理術	多湖輝著	130元
⑳深層語言術	多湖輝著	130元
㉑時間即一切	沈永嘉編譯	130元
㉒自我脫胎換骨	柯素娥譯	150元
㉓贏在起跑點—人才培育鐵則	楊鴻儒編譯	150元
㉔做一枚活棋	李玉瓊編譯	130元
㉕面試成功戰略	柯素娥編譯	130元
㉖自我介紹與社交禮儀	柯素娥編譯	150元
㉗說NO的技巧	廖玉山編譯	130元
㉘瞬間攻破心防法	廖玉山編譯	120元
㉙改變一生的名言	李玉瓊編譯	130元
㉚性格性向創前程	楊鴻儒編譯	130元
㉛訪問行銷新竅門	廖玉山編譯	150元
㉜無所不達的推銷話術	李玉瓊編譯	150元

・處世智慧・電腦編號03

①如何改變你自己	陸明編譯	120元
②人性心理陷阱	多湖輝著	90元
④幽默說話術	林振輝編譯	120元
⑤讀書36計	黃柏松編譯	120元
⑥靈感成功術	譚繼山編譯	80元
⑧扭轉一生的五分鐘	黃柏松編譯	100元
⑨知人、知面、知其心	林振輝譯	110元
⑩現代人的詭計	林振輝譯	100元
⑫如何利用你的時間	蘇遠謀譯	80元
⑬口才必勝術	黃柏松編譯	120元
⑭女性的智慧	譚繼山編譯	90元
⑮如何突破孤獨	張文志編譯	80元
⑯人生的體驗	陸明編譯	80元
⑰微笑社交術	張芳明譯	90元
⑱幽默吹牛術	金子登著	90元
⑲攻心說服術	多湖輝著	100元
⑳當機立斷	陸明編譯	70元
㉑勝利者的戰略	宋恩臨編譯	80元
㉒如何交朋友	安紀芳編著	70元
㉓鬥智奇謀（諸葛孔明兵法）	陳炳崑著	70元
㉔慧心良言	亦　奇著	80元

㉕名家慧語	蔡逸鴻主編	90元
㉗稱霸者啟示金言	黃柏松編譯	90元
㉘如何發揮你的潛能	陸明編譯	90元
㉙女人身態語言學	李常傳譯	130元
㉚摸透女人心	張文志譯	90元
㉛現代戀愛秘訣	王家成譯	70元
㉜給女人的悄悄話	妮倩編譯	90元
㉞如何開拓快樂人生	陸明編譯	90元
㉟驚人時間活用法	鐘文訓譯	80元
㊱成功的捷徑	鐘文訓譯	70元
㊲幽默逗笑術	林振輝著	120元
㊳活用血型讀書法	陳炳崑譯	80元
㊴心　燈	葉于模著	100元
㊵當心受騙	林顯茂譯	90元
㊶心・體・命運	蘇燕謀譯	70元
㊷如何使頭腦更敏銳	陸明編譯	70元
㊸宮本武藏五輪書金言錄	宮本武藏著	100元
㊺勇者的智慧	黃柏松編譯	80元
㊼成熟的愛	林振輝譯	120元
㊽現代女性駕馭術	蔡德華著	90元
㊾禁忌遊戲	酒井潔著	90元
52摸透男人心	劉華亭編譯	80元
53如何達成願望	謝世輝著	90元
54創造奇蹟的「想念法」	謝世輝著	90元
55創造成功奇蹟	謝世輝著	90元
56男女幽默趣典	劉華亭譯	90元
57幻想與成功	廖松濤譯	80元
58反派角色的啟示	廖松濤編譯	70元
59現代女性須知	劉華亭編著	75元
61機智說話術	劉華亭編譯	100元
62如何突破內向	姜倩怡編譯	110元
64讀心術入門	王家成編譯	100元
65如何解除內心壓力	林美羽編著	110元
66取信於人的技巧	多湖輝著	110元
67如何培養堅強的自我	林美羽編著	90元
68自我能力的開拓	卓一凡編著	110元
70縱橫交涉術	嚴思圖編著	90元
71如何培養妳的魅力	劉文珊編著	90元
72魅力的力量	姜倩怡編著	90元
73金錢心理學	多湖輝著	100元
74語言的圈套	多湖輝著	110元

⑺個性膽怯者的成功術	廖松濤編譯	100元
⑺人性的光輝	文可式編著	90元
⑺驚人的速讀術	鐘文訓編譯	90元
⑺培養靈敏頭腦秘訣	廖玉山編著	90元
⑻夜晚心理術	鄭秀美編譯	80元
⑻如何做個成熟的女性	李玉瓊編著	80元
⑻現代女性成功術	劉文珊編著	90元
⑻成功說話技巧	梁惠珠編譯	100元
⑻人生的真諦	鐘文訓編譯	100元
⑻妳是人見人愛的女孩	廖松濤編著	120元
⑻指尖・頭腦體操	蕭京凌編譯	90元
⑻電話應對禮儀	蕭京凌編著	90元
⑻自我表現的威力	廖松濤編譯	100元
⑼名人名語啟示錄	喬家楓編著	100元
⑼男與女的哲思	程鐘梅編譯	110元
⑼靈思慧語	牧　風著	110元
⑼心靈夜語	牧　風著	100元
⑼激盪腦力訓練	廖松濤編譯	100元
⑼三分鐘頭腦活性法	廖玉山編譯	110元
⑼星期一的智慧	廖玉山編譯	100元
⑼溝通說服術	賴文琇編譯	100元
⑼超速讀超記憶法	廖松濤編譯	120元

・健康與美容・電腦編號 04

①B型肝炎預防與治療	曾慧琪譯	130元
③媚酒傳（中國王朝秘酒）	陸明主編	120元
④藥酒與健康果菜汁	成玉主編	150元
⑤中國回春健康術	蔡一藩著	100元
⑥奇蹟的斷食療法	蘇燕謀譯	110元
⑧健美食物法	陳炳崑譯	120元
⑨驚異的漢方療法	唐龍編著	90元
⑩不老強精食	唐龍編著	100元
⑪經脈美容法	月乃桂子著	90元
⑫五分鐘跳繩健身法	蘇明達譯	100元
⑬睡眠健康法	王家成譯	80元
⑭你就是名醫	張芳明譯	90元
⑮如何保護你的眼睛	蘇燕謀譯	70元
⑯自我指壓術	今井義睛著	120元
⑰室內身體鍛鍊法	陳炳崑譯	100元
⑲釋迦長壽健康法	譚繼山譯	90元

⑳腳部按摩健康法	譚繼山譯	120元
㉑自律健康法	蘇明達譯	90元
㉓身心保健座右銘	張仁福著	160元
㉔腦中風家庭看護與運動治療	林振輝譯	100元
㉕秘傳醫學人相術	成玉主編	120元
㉖導引術入門(1)治療慢性病	成玉主編	110元
㉗導引術入門(2)健康・美容	成玉主編	110元
㉘導引術入門(3)身心健康法	成玉主編	110元
㉙妙用靈藥・蘆薈	李常傳譯	90元
㉚萬病回春百科	吳通華著	150元
㉛初次懷孕的10個月	成玉編譯	100元
㉜中國秘傳氣功治百病	陳炳崑編譯	130元
㉞仙人成仙術	陸明編譯	100元
㉟仙人長生不老學	陸明編譯	100元
㊱釋迦秘傳米粒刺激法	鐘文訓譯	120元
㊲痔・治療與預防	陸明編譯	130元
㊳自我防身絕技	陳炳崑編譯	120元
㊴運動不足時疲勞消除法	廖松濤譯	110元
㊵三溫暖健康法	鐘文訓編譯	90元
㊷維他命C新效果	鐘文訓譯	90元
㊸維他命與健康	鐘文訓譯	150元
㊺森林浴—綠的健康法	劉華亭編譯	80元
㊼導引術入門(4)酒浴健康法	成玉主編	90元
㊽導引術入門(5)不老回春法	成玉主編	90元
㊾山白竹（劍竹）健康法	鐘文訓譯	90元
㊿解救你的心臟	鐘文訓編譯	100元
㉛牙齒保健法	廖玉山譯	90元
52超人氣功法	陸明編譯	110元
53超能力秘密開發法	廖松濤譯	80元
54借力的奇蹟(1)	力拔山著	100元
55借力的奇蹟(2)	力拔山著	100元
56五分鐘小睡健康法	呂添發撰	100元
57禿髮、白髮預防與治療	陳炳崑撰	120元
58吃出健康藥膳	劉大器著	100元
59艾草健康法	張汝明編譯	90元
60一分鐘健康診斷	蕭京凌編譯	90元
61念術入門	黃靜香編譯	90元
62念術健康法	黃靜香編譯	90元
63健身回春法	梁惠珠編譯	100元
64姿勢養生法	黃秀娟編譯	90元
65仙人瞑想法	鐘文訓譯	120元

⑯人蔘的神效	林慶旺譯	100元
⑰奇穴治百病	吳通華著	120元
⑱中國傳統健康法	靳海東著	100元
⑲下半身減肥法	納他夏・史達賓著	110元
⑳使妳的肌膚更亮麗	楊　皓編譯	100元
㉑酵素健康法	楊　皓編譯	120元
㉓腰痛預防與治療	五味雅吉著	100元
㉔如何預防心臟病・腦中風	譚定長等著	100元
㉕少女的生理秘密	蕭京凌譯	120元
㉖頭部按摩與針灸	楊鴻儒譯	100元
㉗雙極療術入門	林聖道著	100元
㉘氣功自療法	梁景蓮著	120元
㉙大蒜健康法	李玉瓊編譯	100元
㉚紅蘿蔔汁斷食療法	李玉瓊譯	120元
㉛健胸美容秘訣	黃靜香譯	100元
㉜鍺奇蹟療效	林宏儒譯	120元
㉝三分鐘健身運動	廖玉山譯	120元
㉞尿療法的奇蹟	廖玉山譯	120元
㉟神奇的聚積療法	廖玉山譯	120元
㊱預防運動傷害伸展體操	楊鴻儒編譯	120元
㊲糖尿病預防與治療	石莉涓譯	150元
㊳五日就能改變你	柯素娥譯	110元
㊴三分鐘氣功健康法	陳美華譯	120元
㊵痛風劇痛消除法	余昇凌譯	120元
㊶道家氣功術	早島正雄著	130元
㊷氣功減肥術	早島正雄著	120元
㊸超能力氣功法	柯素娥譯	130元
㊹氣的瞑想法	早島正雄著	120元

・家 庭／生 活・電腦編號 05

①單身女郎生活經驗談	廖玉山編著	100元
②血型・人際關係	黃靜編著	120元
③血型・妻子	黃靜編著	110元
④血型・丈夫	廖玉山編譯	130元
⑤血型・升學考試	沈永嘉編譯	120元
⑥血型・臉型・愛情	鐘文訓編譯	120元
⑦現代社交須知	廖松濤編譯	100元
⑧簡易家庭按摩	鐘文訓編譯	150元
⑨圖解家庭看護	廖玉山編譯	120元
⑩生男育女隨心所欲	岡正基編著	120元

⑪家庭急救治療法	鐘文訓編著	100元
⑫新孕婦體操	林曉鐘譯	120元
⑬從食物改變個性	廖玉山編譯	100元
⑭藥草的自然療法	東城百合子著	200元
⑮糙米菜食與健康料理	東城百合子著	180元
⑯現代人的婚姻危機	黃　靜編著	90元
⑰親子遊戲　0歲	林慶旺編譯	100元
⑱親子遊戲　1～2歲	林慶旺編譯	110元
⑲親子遊戲　3歲	林慶旺編譯	100元
⑳女性醫學新知	林曉鐘編譯	130元
㉑媽媽與嬰兒	張汝明編譯	150元
㉒生活智慧百科	黃　靜編譯	100元
㉓手相・健康・你	林曉鐘編譯	120元
㉔菜食與健康	張汝明編譯	110元
㉕家庭素食料理	陳東達著	140元
㉖性能力活用秘法	米開・尼里著	130元
㉗兩性之間	林慶旺編譯	120元
㉘性感經穴健康法	蕭京凌編譯	110元
㉙幼兒推拿健康法	蕭京凌編譯	100元
㉚談中國料理	丁秀山編著	100元
㉛舌技入門	增田豐　著	130元
㉜預防癌症的飲食法	黃靜香編譯	150元
㉝性與健康寶典	黃靜香編譯	180元
㉞正確避孕法	蕭京凌編譯	130元
㉟吃的更漂亮美容食譜	楊萬里著	120元
㊱圖解交際舞速成	鐘文訓編譯	150元
㊲觀相導引術	沈永嘉譯	130元
㊳初為人母12個月	陳義譯	130元
㊴圖解麻將入門	顧安行編譯	130元
㊵麻將必勝秘訣	石利夫編譯	130元
㊶女性一生與漢方	蕭京凌編譯	100元
㊷家電的使用與修護	鐘文訓編譯	130元
㊸錯誤的家庭醫療法	鐘文訓編譯	100元
㊹簡易防身術	陳慧珍編譯	130元
㊺茶健康法	鐘文訓編譯	130元
㊻雞尾酒大全	劉雪卿譯	180元
㊼生活的藝術	沈永嘉編著	120元
㊽雜草雜果健康法	沈永嘉編著	120元
㊾如何選擇理想妻子	荒谷慈著	110元
㊿如何選擇理想丈夫	荒谷慈著	110元
(51)中國食與性的智慧	根本光人著	150元

㊾開運法話	陳宏男譯	100元
㊿禪語經典<上>	平田精耕著	150元
54禪語經典<下>	平田精耕著	150元
55手掌按摩健康法	鐘文訓譯	150元
56腳底按摩健康法	鐘文訓譯	150元
57仙道運氣健身法	高藤聰一郎著	150元
58健心、健體呼吸法	蕭京凌譯	120元
59自彊術入門	蕭京凌譯	120元
60指技入門	增田豐著	130元
61下半身鍛鍊法	增田豐著	180元
62表象式學舞法	黃靜香編譯	180元
63圖解家庭瑜伽	鐘文訓譯	130元
64食物治療寶典	黃靜香編譯	130元
65智障兒保育入門	楊鴻儒譯	130元
66自閉兒童指導入門	楊鴻儒譯	150元
67乳癌發現與治療	黃靜香譯	130元
68盆栽培養與欣賞	廖啟新編譯	150元
69世界手語入門	蕭京凌編譯	150元
70賽馬必勝法	李錦雀編譯	200元
71中藥健康粥	蕭京凌編譯	120元
72健康食品指南	劉文珊編譯	130元
73健康長壽飲食法	鐘文訓編譯	150元
74夜生活規則	增田豐著	120元
75自製家庭食品	鐘文訓編譯	180元
76仙道帝王招財術	廖玉山譯	130元
77「氣」的蓄財術	劉名揚譯	130元
78佛教健康法入門	劉名揚譯	130元
79男女健康醫學	郭汝蘭譯	150元
80成功的果樹培育法	張煌編譯	130元
81實用家庭菜園	孔翔儀編譯	130元
82氣與中國飲食法	柯素娥編譯	130元
83世界生活趣譚	林其英著	160元
84胎教二八〇天	鄭淑美譯	180元
85酒自己動手釀	柯素娥編著	160元

•命理與預言• 電腦編號 06

①星座算命術	張文志譯	120元
③圖解命運學	陸明編著	100元
④中國秘傳面相術	陳炳崑編著	110元
⑤輪迴法則(生命轉生的秘密)	五島勉著	80元

⑥命名彙典	水雲居士編著	100元
⑦簡明紫微斗術命運學	唐龍編著	130元
⑧住宅風水吉凶判斷法	琪輝編譯	120元
⑨鬼谷算命秘術	鬼谷子著	150元
⑫簡明四柱推命學	李常傳編譯	150元
⑭十二支命相學	王家成譯	80元
⑮啟示錄中的世界末日	蘇燕謀編譯	80元
⑯簡明易占學	黃小娥著	100元
⑰指紋算命學	邱夢蕾譯	90元
⑱樸克牌占卜入門	王家成譯	100元
⑲Ａ血型與十二生肖	鄒雲英編譯	90元
⑳Ｂ血型與十二生肖	鄒雲英編譯	90元
㉑Ｏ血型與十二生肖	鄒雲英編譯	100元
㉒ＡＢ血型與十二生肖	鄒雲英編譯	90元
㉓筆跡占卜學	周子敬著	120元
㉔神秘消失的人類	林達中譯	80元
㉕世界之謎與怪談	陳炳崑譯	80元
㉖符咒術入門	柳玉山人編	100元
㉗神奇的白符咒	柳玉山人編	160元
㉘神奇的紫符咒	柳玉山人編	120元
㉙秘咒魔法開運術	吳慧鈴編譯	180元
㉚中國式面相學入門	蕭京凌編著	90元
㉛改變命運的手相術	鐘文訓編著	120元
㉜黃帝手相占術	鮑黎明著	130元
㉝惡魔的咒法	杜美芳譯	150元
㉞脚相開運術	王瑞禎譯	130元
㉟面相開運術	許麗玲譯	150元
㊱房屋風水與運勢	邱震睿編譯	160元
㊲商店風水與運勢	邱震睿編譯	130元
㊳諸葛流天文遁甲	巫立華譯	150元
㊴聖帝五龍占術	廖玉山譯	180元
㊵萬能神算	張助馨編著	120元
㊶神秘的前世占卜	劉名揚譯	150元
㊷諸葛流奇門遁甲	巫立華譯	150元
㊸諸葛流四柱推命	巫立華譯	180元

•教 養 特 輯• 電腦編號 07

①管教子女絕招	多湖輝著	70元
⑤如何教育幼兒	林振輝譯	80元
⑥看圖學英文	陳炳崑編著	90元

⑦關心孩子的眼睛	陸明編	70元
⑧如何生育優秀下一代	邱夢蕾編著	100元
⑨父母如何與子女相處	安紀芳編譯	80元
⑩現代育兒指南	劉華亭編譯	90元
⑫如何培養自立的下一代	黃靜香編譯	80元
⑬使用雙手增強腦力	沈永嘉編譯	70元
⑭教養孩子的母親暗示法	多湖輝著	90元
⑮奇蹟教養法	鐘文訓編譯	90元
⑯慈父嚴母的時代	多湖輝著	90元
⑰如何發現問題兒童的才智	林慶旺譯	100元
⑱再見！夜尿症	黃靜香編譯	90元
⑲育兒新智慧	黃靜編譯	90元
⑳長子培育術	劉華亭編譯	80元
㉑親子運動遊戲	蕭京凌編譯	90元
㉒一分鐘刺激會話法	鐘文訓編著	90元
㉓啟發孩子讀書的興趣	李玉瓊編著	100元
㉔如何使孩子更聰明	黃靜編著	100元
㉕３・４歲育兒寶典	黃靜香編譯	100元
㉖一對一教育法	林振輝編譯	100元
㉗母親的七大過失	鐘文訓編譯	100元
㉘幼兒才能開發測驗	蕭京凌編譯	100元
㉙教養孩子的智慧之眼	黃靜香編譯	100元
㉚如何創造天才兒童	林振輝編譯	90元
㉛如何使孩子數學滿點	林明嬋編著	100元

•消遣特輯• 電腦編號08

①小動物飼養秘訣	徐道政譯	120元
②狗的飼養與訓練	張文志譯	100元
③四季釣魚法	釣朋會編	120元
④鴿的飼養與訓練	林振輝譯	120元
⑤金魚飼養法	鐘文訓編譯	130元
⑥熱帶魚飼養法	鐘文訓編譯	180元
⑦有趣的科學（動腦時間）	蘇燕謀譯	70元
⑧妙事多多	金家驊編譯	80元
⑨有趣的性知識	蘇燕謀編譯	100元
⑩圖解攝影技巧	譚繼山編譯	220元
⑪100種小鳥養育法	譚繼山編譯	200元
⑫樸克牌遊戲與贏牌秘訣	林振輝編譯	120元
⑬遊戲與餘興節目	廖松濤編著	100元
⑭樸克牌魔術・算命・遊戲	林振輝編譯	100元

⑯世界怪動物之謎	王家成譯	90元
⑰有趣智商測驗	譚繼山譯	120元
⑲絕妙電話遊戲	開心俱樂部著	80元
⑳透視超能力	廖玉山譯	90元
㉑戶外登山野營	劉青篁編譯	90元
㉒測驗你的智力	蕭京凌編著	90元
㉓有趣數字遊戲	廖玉山編著	90元
㉔巴士旅行遊戲	陳羲編著	110元
㉕快樂的生活常識	林泰彥編著	90元
㉖室內室外遊戲	蕭京凌編著	110元
㉗神奇的火柴棒測驗術	廖玉山編著	100元
㉘醫學趣味問答	陸明編譯	90元
㉙樸克牌單人遊戲	周蓮芬編譯	100元
㉚靈驗樸克牌占卜	周蓮芬編譯	120元
㉜性趣無窮	蕭京凌編譯	110元
㉝歡樂遊戲手册	張汝明編譯	100元
㉞美國技藝大全	程玫立編譯	100元
㉟聚會即興表演	高育強編譯	90元
㊱恐怖幽默	幽默選集編譯組	120元
㊲兩性幽默	幽默選集編譯組	100元
㊹藝術家幽默	幽默選集編譯組	100元
㊺旅遊幽默	幽默選集編譯組	100元
㊻投機幽默	幽默選集編譯組	100元
㊼異色幽默	幽默選集編譯組	100元
㊽青春幽默	幽默選集編譯組	100元
㊾焦點幽默	幽默選集編譯組	100元
㊿政治幽默	幽默選集編譯組	130元
51美國式幽默	幽默選集編譯組	130元

・語文特輯・電腦編號 09

①日本話1000句速成	王復華編著	30元
②美國話1000句速成	吳銘編著	30元
③美國話1000句速成　附卡帶		220元
④日本話1000句速成　附卡帶		220元
⑤簡明日本話速成	陳炳崑編著	90元

・武術特輯・電腦編號 10

①陳式太極拳入門	馮志強編著	150元
②武式太極拳	郝少如編著	150元

③練功十八法入門	蕭京凌編著	120元
④教門長拳	蕭京凌編譯	150元
⑤跆拳道	蕭京凌編譯	150元
⑥正傳合氣道	程曉鈴譯	150元
⑦圖解雙節棍	陳銘遠著	150元
⑧格鬥空手道	鄭旭旭編著	180元
⑨實用跆拳道	陳國榮編著	180元
⑩武術初學指南	李文英、解守德編著	250元
⑪泰國拳	陳國榮著	180元
⑫中國式摔跤	黃　斌編著	180元
⑬太極劍入門	李德印編著	180元

•趣味益智百科•電腦編號 11

①宇宙和星辰的奧妙	林振輝譯	70元
②神奇魔術入門	陳炳崑譯	70元
③智商180訓練金頭腦	徐道政譯	90元
④趣味遊戲107入門	徐道政譯	60元
⑤漫畫入門	張芳明譯	70元
⑥氣象觀測入門	陳炳崑譯	50元
⑦圖解游泳入門	黃慶篤譯	80元
⑧野外露營指南	林振輝譯	60元
⑨少女派對入門	陳昱仁譯	70元
⑩簡易勞作入門	陳昱仁譯	70元
⑪手製玩具入門	趣味百科編譯組	80元
⑫圖解遊戲百科	趣味百科編譯組	70元
⑬奇妙火柴棒遊戲	趣味百科編譯組	70元
⑭奇妙手指遊戲	趣味百科編譯組	70元
⑮快樂的勞作—走	趣味百科編譯組	70元
⑯快樂的勞作—動	趣味百科編譯組	70元
⑰快樂的勞作—飛	趣味百科編譯組	70元
⑱不可思議的恐龍	趣味百科編譯組	70元
⑲不可思議的化石	趣味百科編譯組	70元
⑳偵探推理入門	趣味百科編譯組	70元
㉑愛與幸福占星術	趣味百科編譯組	70元

•神奇傳眞•電腦編號 12

①鬼故事	賴曉梅著	70元
②妖怪故事	賴曉梅著	70元
③鬼怪故事	周維潔著	70元

國家圖書館出版品預行編目資料

人相術／淺野八郎著；李玉瓊譯
--初版--臺北市；大展．民83
面；　公分．－（占卜系列；2）
譯自：＜秘傳＞占い全書②　人相術
ISBN　957－557－484－2（平裝）
1.面相

293.21　　83011673

本書原名：＜秘傳＞占い全書②　人相術
著　　者：淺野八郎

原發行所：ワニ文庫
仲介代理：京王文化事業有限公司

人相術

ISBN　957-557-484-2

原著者／淺野　八郎
編譯者／李　玉　瓊
發行人／蔡　森　明
出版者／大展出版社有限公司
社　址／台北市北投區（石牌）致遠一路二段12巷1號
電　話／(02) 28236031・28236033
傳　眞／(02) 28272069
郵政劃撥／0166955－1
登記證／局版臺業字第2171號
承印者／高星印刷品行
裝　訂／日新裝訂所
排版者／千兵企業有限公司
電　話／(02) 28812643
初版1刷／1994年（民83年）12月
2　刷／1997年（民86年）7月
3　刷／1998年（民87年）10月　　定　價／180元

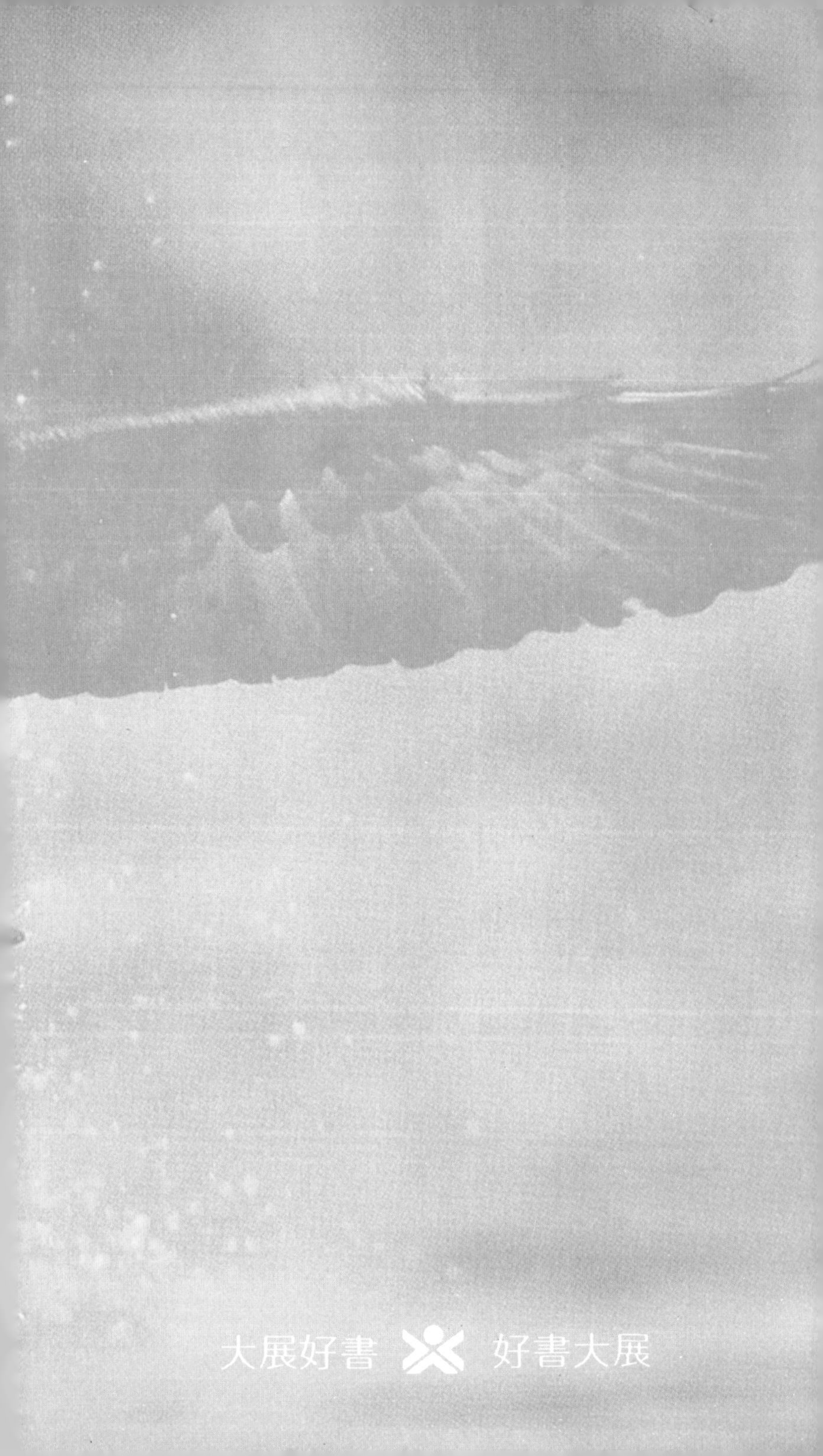

大展好書 好書大展